私の刑

我的刑法研究

〔日〕西原春夫／著　曹 菲／译

北京大学出版社
PEKING UNIVERSITY PRESS

著作权合同登记号　图字：01－2016－3006

图书在版编目(CIP)数据

我的刑法研究/（日）西原春夫著；曹菲译．—北京：北京大学出版社，2016.6

ISBN 978－7－301－27091－2

Ⅰ．①我…　Ⅱ．①西…　②曹…　Ⅲ．①刑法—研究—日本　Ⅳ．①D931.34

中国版本图书馆CIP数据核字(2016)第086298号

书　　名　我的刑法研究
Wo de Xingfa Yanjiu
著作责任者　〔日〕西原春夫　著　　曹　菲　译
责任编辑　王建君
标准书号　ISBN 978－7－301－27091－2
出版发行　北京大学出版社
地　　址　北京市海淀区成府路205号　100871
网　　址　http://www.pup.cn　http://www.yandayuanzhao.com
电子信箱　yandayuanzhao@163.com
新浪微博　@北京大学出版社　@北大出版社燕大元照法律图书
电　　话　邮购部62752015　发行部62750672　编辑部62117788
印 刷 者　北京中科印刷有限公司
经 销 者　新华书店
880毫米×1230毫米　32开本　8.5印张　147千字
2016年6月第1版　2017年4月第2次印刷
定　　价　38.00元

中文版序

我第一次踏上中国的土地是在 1982 年。从那以来，已经走过了 33 年的岁月。在这期间，我访问中国的次数已超过 60 次，结识了许多亲密友人。我访问过的中国城市已经超过 30 座。在日本，一些人因为对中国的情况不完全了解，对中国有各种各样的看法。但是对我来说，我对中国的情感早已超越了这一层次。这就好比一个日本人，对自己国家、自己国民的好的地方、不好的地方都心知肚明，说喜欢也好、不喜欢也罢，又能如何。我对中国的感情已经达到这个层次。

不用说，这种感情是在长达 33 年的实际交流中产生的，但又绝不仅止于此。正如本书第四章中所写，战争结束时一个 17 岁少年遭受的激烈思想冲击，以及由此产生的对周边诸国人民的赎罪情感，或许这些也在影响着我。小学时代学过的朗朗上口的唐诗，对给日本文化带来决定性进步的中国古代文明的敬畏之意，这些都构成这份情感的基础。虽然这样说真的是非常抱歉，过去成为战场的城市和农村的样子，深深刻在我少年时代的记忆里，时至今日，已经超越战争本身，成为一种别样亲近的源泉，这是我最近意识到的。因此，对中国的这份感情，也包含了我这样一个活到87岁的日本老人的独特体会，这也是一个特殊原因。

再加上，在日本的大学中，早稻田大学和中国有着最长久、最深厚的联系，而我曾经担任这所大学的校长，有着这样一段经历，对中国有着不同于他人的特别的亲近感，这无疑也是一个原因。第四章中提到的原中日友好协会会长廖承志先生，我受中国政府邀请参加廖承志先生的葬礼，抵达机场时，告诉我“现在北京的宾馆还比较少，因为事出突然，没有来得及定下宾馆房间。真是非常抱歉，有可能会有人跟您共住一间”。在一行人中，我属于年纪轻的，安排我合住也是理所应当。但把我领到房间一看，却可能是北京饭店里最高级的套房，安排我一个人住，让我大为感叹。中国对早稻田大学长年以来所做贡献的敬意和感谢都包含在其中了，只能这样理解。而作为这所大学的代表，我应该做些什么，坐在偌大的房间中宽大的沙发里，我不禁感慨万千。那个夜晚，至今让我记忆犹新。

本书对中国的各位能够发挥多大作用，我完全无从得知。估计是和我一样学习刑法学的人，或者稍广一些，学习法律学的人，特别是打算做法律研究者，或者现在就是法律研究者的人，对他们或许可以作为直接参考。的确，各位所处的时代已经和我作为研究者成长时期的社会环境发生了根本性的改变。但即便如此，特别是本书的主题，“人生，越重大的事越是偶然决定。那么，人生该怎样去活?”这样一种问题意识，我认为应该是共通的。如果是这样的话，那么不仅对法律家，即使对于一般读者，作为一种生活方式的指引，说不定也有一些参考价值。我衷心希望能够如此。

在中国法学会工作的曹菲女士为本书的翻译付出了诸多努力。说实话，我和曹菲本来并没有直接的交集。但从她承担本书的翻译前前后后的经历来看，又和我作为刑法研究者在中国掀起的波澜多少有所关联。

中日刑事法交流的中国一方，我的老搭档已故的马克昌先生，是我跨越国境肝胆相照的挚友。曹菲毕业于马先生的大本营武汉大学法学院，在研究生学习期间，接受马先生门下弟子刘明祥老师的指导。关于刘老师，因我多次到武汉访问，建立了非常密切的关系。刘老师后来调到中国人民大学，而长期以来领导中国人民大学刑法学科的，是中国刑法学界的领袖高铭暄先生。高先生和我同年出生，自从1993年在早稻田大学举办“德国·东亚刑法学术研讨会”以来，相互敬重，相互爱戴，情谊不断加深。在中国的大学中，最早授予我名誉教授称号的就是中国人民大学，我和高先生的情谊从这些方面也可以看出来。

此后，曹菲又跟随刘老师在中国人民大学法学院完成博士课程，在刘老师的指导下取得了博士学位。在博士课程期间来日本留学，而那时接收她的指导教授，正是早稻田大学的甲斐克则老师。2001年在北京举办的中日刑事法学术讨论会，我曾推荐甲斐老师参加。据甲斐老师说，自那以后忽然对中国有了亲近感。

从曹菲的角度来说，这一切当然也不全是她自己意识决定的产物，但从结果来看，又可以说是在我掀起的漩涡中作为一名研究者成长起来。在这条延长线上，又有了承担我这本书的翻译工作这件事。“人生，越重大的事越是偶然决定”，这个道理是怎样在背后推动，相信她肯定也能感受到。

这本书是面向日本人写的，翻译的过程估计会比较辛苦。尽管如此，还是在短时间内就完成了，对译者的这份努力，从心里表示感谢。此外，对不计成本承接了本书出版工作的北京大学出版社，还有很快无偿提供了本书翻译权的成文堂株式会社，致以深厚的谢意！

西原春夫

2015 年 9 月 28 日

序

今年3月，我就87岁了。明年就是88岁，竟迎来了米寿之年。正如本书的正文所写，我在食物匮乏的战中、战后长大，因为营养不良自认为可能不会长寿。但却与预期相反，即使到了这把年纪，蒙上天所赐，依然健康，工作劲头不输于年轻人，当真是幸事。生得如此，唯有双手合十感谢上天。

这本书不是我策划的，是担任听者的井田良、佐伯仁志、高桥则夫三位老师提议的。确实，长期以来我都在刑法研究这条路上走，也自认为取得了相应的成果，并以此为傲。但比如说，像前几年去世的畏友中山研一博士那样，直到死之前都一心专注于刑法研究，我却没有做到那样，相当偏离主题了。把有关犯罪与刑罚的研究交给年轻人，致力于犯罪的爹一辈——战争及其相反的一极——和平的问题，包括这方面的实践，我认为这才是我们这些上了年纪的人的职责所在。究其原因，在学园生活中，除了作为刑法研究者，我还担任了大学运筹管理的职务，这一发展轨迹乃是根本原因所在。如果不是因为这些，估计我也会
2 和中山博士一样，在刑法学的道路上一路走到底吧。但从结果来看，却没有能够如此。这就是我的宿命吧。“人生，越重大的事越是偶然决定”，从本书所介绍的若干体验中得出的我的这个根本的人生观，和我人生轨迹的变迁也是如此吻合。

虽然没有在刑法研究这条路上走到底，但回应本书的策划初衷，回首往昔，我踏上刑法研究这条路，本身也是受到偶然因素的重要影响，我这样感觉。如果通读了本书，就能感觉到，在形式上每个人固然各不相同，但“人生，越重大的事越是偶然决定”这一人皆适用的道理，在我作为刑法研究者的人生变迁中是何等明快地体现出来。如果这些对世人有意义、有价值，我为什么有志于法律学？为什么在法律学中选择了刑法学？又为什么选择那些主题做研究、出书？本书的意义就在于将这一切的原点探寻出来，

肯定会写出类似的书所没有的精彩有趣之处。我这样想着，接受了本书的策划。

读到这里，各位读者中肯定会有人提出疑问，如果人生是偶然决定的，那岂不是过自甘堕落的生活也可以？意志啊，理想啊，努力啊，这些岂不都没有意义了？有这样的疑问也是理所当然，但我绝不是这样认为的。读了本书您大概就会感觉到，偶然是从天上掉下来的，但仅仅是让偶然（这又是偶然的产物）掉下来，这本身就要有多少努 3
力作为前提。沿着天上掉下来的偶然开辟的道路一心一意前行，在这个过程中，作为回报，又会再有新的偶然落到你头上。读了本书，您肯定会感觉到这种连锁反应。本书不仅说明了“人生，越重大的事越是偶然决定”这个道理，针对这一问题，“那么，人生该怎样去活？”把这个答案也准备下了。

因此，本书不是单纯的自传。在讲述自己过去的过程中，人生的深奥也得以挖掘浮现。将本书提升到这样的水准，全赖担任听者的三位老师善于提问。还要感谢三位老师策划了这本书，从心底里对他们表示感谢！另外，还要对为本书的编辑、出版作出诸多努力的成文堂株式会社的阿部成一社长、前社长阿部耕一会长、《刑事法杂志》编辑部田中伸治总编，向以他们为首的成文堂的诸位，致以深厚的谢意！

西原春夫

2015 年 4 月 10 日

目录

第一章　西原刑法学与德国刑法学

一、 我和德国的关联

1. 读的第一本外国小说——赫尔曼·黑塞的《在轮下》

井田 西原先生刑法学的基础或者框架，可以说是在和德国刑法学的格斗中形成的。在您作为研究者的人生中，和德国的关联是决定性的。先生和德国的“相遇”，是从什么时候开始的呢？

西原 说起我和德国的“相遇”，要稍微偏离一点刑法学，从我小的时候说起。我的父亲西原庆一是小学语文教学、作文教学方面的专家，因为这个原因，家里简直就是书的海洋，连我的儿童房间都放着父亲的书。在这种环境中长大，我从小就把学习放在一边，整天就光看书了，完全是个文学少年。比如说，从《野狗黑吉》的漫画开始，在小学低年级就已经把《少年讲谈》《世界少年少女文学全集》

看完了，接下来从夏目漱石的《少爷》开始，逐渐进入日本文学的核心部分。小学三四年级的时候就开始读这些了，完全是个文学少年。

这个时期，我在父亲的书架上发现了赫尔曼·黑塞的
4 《在轮下》这本书。这是我第一次阅读外国文学。为什么这本书会出现在我父亲的书架上呢？当时作为赫尔曼·黑塞的翻译者非常有名的高桥健二先生和我父亲同在成蹊学园工作，也不知是什么原因，尽管专业不同，我的父母竟做了高桥健二先生的媒人。因此，高桥先生每次有新作品翻译完成，都会送给我父亲。那本书之所以会出现在父亲的书架上，也是因为这个缘故。

赫尔曼·黑塞《在轮下》

这是我第一次接触外国文学，为它和日本文学的完全不同大为震惊、大为倾倒，自此之后，阅读兴趣就暂时转向了德国文学。那个时代的德国作家，比如汉斯·卡罗萨、托马斯·曼，都在埋头读这些人的书。这就是我和德国最初的交集。

井田 先生那时多少岁？

西原 是小学五年级的时候。

井田 这么早。(笑)

佐伯 早熟的孩子啊！ 5

西原 哪有，我小学六年级的时候，永井荷风、田山花袋、菊池宽等人的主要作品就都已经有所涉猎了。

佐伯 太早熟了。

西原 就是说嘛，把学习扔在一边了。我当时上的成蹊小学，因为父亲在成蹊小学工作，那时教职员工的子女可以免除学费，因此我虽然不是公子少爷，却读了成蹊这样的贵族学校。当时，成蹊在小学之上还设有七年制的旧式高等学校，我就顺理成章地升入了高等学校。七年制的高等学校分为前半期和后半期，普通科四年相当于现在的初中，高等科三年相当于现在的高中。在我读普通科一年级的时候太平洋战争爆发了，在读高等科一年级的时候日本宣布战败。

2. 决定人生的战后再分班

西原　战争期间的学校生活是怎样的，也有很多可以说的，但还是把这些都省略掉，仅限于我和德国的关联。旧式的高等学校分为文科和理科，文科和理科又分别设有甲类和乙类，简称理甲、理乙、文甲、文乙。理甲是面向准备学
6 理科、工科的人的，理乙是面向准备读医学、药学的人的。在文科中，文甲是以英语作为第一外语的，文乙是以德语作为第一外语的。

就如我前面所讲，我当时沉醉于德国文学，理所当然是进了文乙。当时是战争期间，和英国、美国是敌国，和德国是盟国。因此，进入文科的30人左右，文甲和文乙基本上是一半一半。但是，进入高等科之后，从1945年4月起就停止授课了。

1945年8月15日战争结束，进入9月，授课又重新开始时，允许从理科到文科、从文科到理科、从文甲到文乙这样的“转科、转类”。战前旧式高等学校文科、理科这种分类的意义有多重大，在今天是完全难以想象的。极端一点说，是性命攸关的分类。之所以这么说，是因为理甲、理乙，也就是学理工的人，进了大学以后是可以延期征兵的。但是，文科没有延期征兵这一说。因此，文科生在读大学期间是有可能接受征兵检查、上战场的。而且，文甲、

文乙分班的时候，英国、美国是敌国，德国是盟国，战争结束后完全倒转过来。因为有这些种种因素，允许转科、转类可以说是合理的安排。

成蹊学园

我和父亲商量这件事时，父亲说："今后就要进入英语 7
的时代了，还是转类到文甲吧。"我在情感上虽然被学德语牵着，但在理智上也明白转类到文甲才是正理。脑子里琢磨着"要不还是转到文甲吧"，到了作决定的这一天。

老师按姓氏拼音顺序一个人一个人地询问，原来读理科的有一半选择到文科，原来读文乙的有一半选择到文甲。听着前面的人的回答，我只觉得越听越气不打一处来，等问到我的时候，我大声回答："文乙!"这就是决定我人生的一瞬。

都说“运乃一瞬，缘乃一生”。虽然真的很不可思议，
8 但是我觉得，人生，越重大的事越是偶然决定，越无关紧要的越在头脑中反复思量。我是这样认为的，这就是一个很好的例子。就这样，我进了文乙。

井田　在当时，选择文乙，并不意味着就会选择读法律学吧？

西原　日本的刑法和刑法学属于德国一系的，从结果来看，相比文甲，确实是从文乙更近一些。但当时的我并没有这样的意识。

高桥　转类之后，班级的构成有怎样的变化呢？

西原　先前文科本来就有 30 人，加上从理工科转来的 25 人，总共是 55 人。这 55 人中，文乙只有 9 人。从组成来看，都是有些不同寻常的固执的人。想一想也的确是，在英语的时代选择学习同为战败国的德国的语言。不过，这也意味着非常有趣的一群人聚集在一起。这其中，有高中的时候是社会主义者毕业后却进了日本银行的人，也有晚年担任东芝的副社长这样优秀的人。而且只有 9 个人。虽然语文、历史、哲学这些科目是文甲、文乙一起上课，但毕竟外语是完全不一样的，上德语课的时候就只有 9 个人。因此，回答问题的时候，一圈一圈地很快就又会轮到自己，

想打瞌睡也不行。再加上老师也特别优秀，创造了一个非常好的德语学习环境。

和德国的这种交集，后来竟发展成为我和德国刑法学 9
的关联，这虽然是我做梦也没有想到的，但从结果来看，却是一个非常大的背景因素，我是这么认为的。

3. 旧式高等学校的德语课

高桥　旧式高等学校的授课是怎样的呢？

西原　在一个仅有9人的小房间里，把一间杂物间似的小房间改装一下作为教室，就那样9个人一班上课。

高桥　朗读讲解啊、会话啊什么的都有吗？

西原　朗读讲解把《浮士德》的第一部基本上都读完了，还读了萨福的诗集。讲《浮士德》的是当时成蹊有名的仓石五郎先生，非常严格的老师，每次开始上课时都会有听写。

井田　就是德语的“Diktat”吧？

西原　对，先生发音，我们听写。

井田　一上来就听写啊！

西原　是啊，然后在下次上课一开始的时候把打了分数的
听写发下来，从分数最高的人开始发。心里想着什么时候 10

发到自己啊，坐立不安，（笑）每一次上课都是这样。这样的授课，想不把德语吸收到身体里去都不行，再加上周围同学都是一些有趣的家伙，非常棒的高中生活。

井田 先生 1949 年 4 月进入早稻田大学第一法学部，是高中三年级的时候。虽然是从旧式高等学校转到新式高等学校的过渡性措施，但不管怎么说，先生就是在这个时间点下决心专攻法律学的。是什么促使您作出这个决定的呢？

西原 前面也说过，我当时是个彻彻底底的文学少年，当时想的自然也是朝这个方向继续深造。因此，考大学的话，通常就是考文学部，还想过如果有可能的话，读京都大学文学部。但当时战争刚结束，家里孩子又多，经济状况比较紧张，去京都什么的根本不可能了。使我的想法逐渐改变的，还是战争结束吧。

现在的年轻人对战争结束时的景象可能很难想象，虽然作为知识应该还是了解的。当时日本的经济非常萧条。东京成了被烧过的荒地，大量老兵从战场上下来，到处拥挤不堪，黑市盛行，每一个人都在饿肚子。眼见这种情况，
11 我当时想的就是一定要把国家振兴起来。这样一想，文学、小说什么的都是个人兴趣，比起这些，还是应该成为能对国家振兴直接有用的人。那么，要振兴国家，问题究竟出在哪里呢？当时，我作为一个高中生努力地思考着。对国

家，虽然有各种各样不同的看法，但构成一个国家基础构架的应该是以宪法为首的法律体系。因此，如果对国家的法律没有充分的了解，是没有办法实现国家复兴的，我这样想着，就决定进法学部了。因为我高中学的第一外语是德语，就以德语参加了早稻田大学的入学考试。就这样，我进了法学部，后来我选择刑法也和这些有很大的关系。

井田　我还有一个问题想请教。先生年纪虽然大了，精力却非常充沛。先生除了教给我们学问，怎样才能像您这样永远保持年轻，有什么秘诀吗？请您一定要教给我们。（笑）我想，这是不是年轻的时候锻炼身体的方法，或者说是锻炼身心的方法所决定的呢？换句话说，是不是和您年轻的时候游泳有很大关系呢？关于这方面，请您一定要给我们讲一讲。

西原　这也是偶然因素起的作用比较大。不过，我父亲在师范学校时代曾经是网球选手，我上小学时，常和父亲在院子里打网球。因为这个原因，我一上初中就加入了网球 12
部。但是在这前一年，我上小学六年级的时候，成蹊的第一个游泳池建成了，几乎每天都去游泳池看游泳部训练。我的星座不是双鱼座吗，（笑）也不知是不是双鱼座的原因，看着游泳的人掀起的水波，不知怎的就心潮澎湃起来。就这样，我进初中时加入的虽然是网球部，但到了六月份天气开始热起来的时候，就再也忍不住加入了游泳部。这样一来，初中和高中时期我都是游泳选手。我自己本人虽然没有那么厉害，但我们游泳部是非常强的，尽管没有拿过全国第一，也拿过全国第二。

在早稻田大学读本科期间，有两年的时间还在母校的初中——成蹊初中担任游泳部教练。在东京都比赛拿了冠军，在当时的全国大赛中，按学校打分还拿了全国第一，带领队伍取得了这样的好成绩。在今天的话题中虽然是题外话，但对我而言，游泳部的生活不仅锻炼了身体、磨炼了意志，还学到了作为一个领导者该怎样去做。无疑，这对我的精神世界产生了很深刻的影响。

佐伯　文学青年总给人一种苍白阴暗的印象，但先生却是让体育和文学这种精致的东西非常平衡地共存。

西原　是的。因为游泳被晒得很黑，但还是文学青年。

13　二、与德国刑法学的初遇

1. 大学入学和与恩师齐藤金作先生的相识

井田　进入法学部之后，听了各种各样的课。在当时的授课中，有哪些是您印象十分深刻的，有哪些是收获很大的，有哪些是至今还留在记忆中的？

西原 正如刚才所说，因为我读本科时还在母校成蹊的游泳部当教练，下午的课几乎都不上，尽可能把课集中在上午。而且当时家里兄弟姐妹多，父母也很不容易，必须打工才能挣出自己的学费。总之，当时真是个很不认真的学生。

但即使是这样，我所有的课基本都得了优。虽然我自己也不清楚，为什么下午的课都没怎么上还能得优。而在这些课中，最不可缺少的就是齐藤金作先生的授课。齐藤先生的教育方针是，具体细节的东西从书本上学就可以了。但问题是，怎样才能让人产生读书的兴趣呢？齐藤先生的思路是，听了我上的课，让学生觉得如果不学刑法，如果不去读刑法书，就感觉坐立不安地难受，这样的课才是好的授课。

恩师齐藤金作先生

14　事实上他也的确达到了这样的效果。齐藤先生的授课有关刑法的内容只占一半，剩下的一半都是偏离正题的。虽然偏离正题，但却不是单纯的闲话，而是非常深刻的人生论、人生态度、看待事物的方法，这些他都会讲，在不知不觉中传授了刑法学的思考方法。尤其我是文学少年，在法律中，刑法是最富有人的气息的。犯罪是欲望的产物，想一想看，为了防止人犯罪的刑法规定同样也是欲望的产物，把这些复杂纠缠的人的精神构造最直接表现出来的就是刑法。再加上齐藤先生讲课的魅力，本科时我被刑法迷住了。

就像前面说过的那样，我本科时代还担任游泳部的教练，法律知识的学习只是敷衍了事，进了大学研究生院之后，必须得重新认真学了，游泳部的事在本科结束时就完全不参与了。

就这样，我进了大学研究生院，毫不犹豫地选择了刑法，齐藤先生作为指导教授。

15　**井田**　现在的法学部学生，会在听老师讲课的同时精读教科书。先生当时在听齐藤先生授课的同时，有没有读什么教科书，或者读齐藤先生的论文？

西原　没有，本科的时候就只是拿学分而已。

井田　这样啊，这样感觉稍微可以放下心来了。（笑）

西原　比如，听了齐藤先生上的课感觉非常有兴趣，于是就去找齐藤先生的论文来读，像这样的事我都没有做过。一句话，本科时代的我就是一个不良学生。

高桥　像小组研讨那样的不用参加吗？

井田　小组研讨啊、专题研讨啊，当时也都有的吧？

西原　专题研讨参加了很多，是实务部门的专家来讲，各种各样的都有。

井田　除了刑法以外，还对哪些课印象深刻呢？

西原　比如研究法社会学的戒能通孝先生。法社会学这一研究领域应该是“二战”后才有的，对我这个初学者来说是非常新鲜的。而且我听的还不是法社会学的课程本身，而是民法，在民法解释中，如果把法社会学的思考方法、研究方法加进去会是怎样，戒能先生的授课把这一点给讲清楚了，非常有趣，当时确实让我产生了兴趣。

佐伯　第一次和齐藤先生说话，是在研究生院入学面试的 16
时候吗？

西原　不是，在本科结束时，研究生考试之前，我曾在晚上去过一次先生的研究室，说“想考先生的研究生”。当时在先生的意识中，应该只是一个叫西原的学生来找过他，仅此而已。先生注意到我，我推测应该是因为研究生考试的德语成绩非常好，引起了先生的注意。但事实上，我当时虽然进了研究生院，学了刑法，但却完全没有想过要当刑法专家。

高桥 这我还是第一次听您说起。

西原 我觉得这样的学生也挺多的，想着“把司法考试也考了”，对将来朝什么方向走还没有决定，就进了研究生院。

研究生院的入学考试还有面试。面试时，老师问“进了研究生院打算干什么”，我记得我当时就说了刚才的话。对这个问题我没有发表任何意见，因为还没有进去呢。

井田 先生在 1951 年 4 月升入研究生院法学研究科，进入齐藤先生的研究室。给我的感觉是，您和齐藤先生是属于
17 那种充满温情的师徒关系。当时研究室的气氛是怎样的呢？

西原 正如你说的那样。齐藤研究室的师兄有好几位。我是战后开始的新式大学最早的毕业生，也是新式研究生院的第一期学生，我的师兄们读的都是旧式的研究生院。旧式的研究生院和新式的有所不同，没有在教室授课，仅是接受导师的个别指导，作为导师门下的学生到大学等单位就职。因此，研究室里各种各样的人都有，但在他们当中没有一个人当刑法教授。也就是说，我是第一个。

高桥 哦，是这样啊。

2. 梅茨格的《刑法教科书》

井田　齐藤先生是怎样指导您的呢？

西原　新式的研究生教育有在教室授课这一项。除了授课以外，先生还在自己的研究室里为我一个人准备了桌子，然后对我说："不要考什么司法考试了，和我一起读德文书吧。"

高桥　一进研究室就这么说了啊？

西原　进去之后马上就这么说了。

高桥　齐藤先生没有先观察一段时间，觉得"这个年轻人 18
还是很有发展前途的"？

西原　没有，一上来就是。

高桥　一上来就是啊？

西原　一上来就是。

高桥　对您是一眼看中啊。（笑）

西原　也不是，这是我后来才知道的，原来先生好像还认真地调查过我。调查的什么呢，除了德语成绩，我的叔父，也就是我父亲的弟弟西原宽一，是商法方面的专家，"二战"期间在京城帝国大学当教授，战后在大阪市立大学、神户学院大学当教授，还是学士院会员。他的儿子西原道雄，在东京大学读民法，后来当了神户大学的教授，还当了法学部的部长。对于这些，先生好像都调查清楚了。还有就是，前面也说过的，我的父亲是日语教育方面的专家，“二战”之前出版过一本叫《语言的教养》的书，卖得非常好。也不知为什么，齐藤先生还有这本书呢。

高桥　这种偶然可以说就是缘吧。

西原　后来先生还把这本书拿给我看来着。把这些都了解
19 清楚之后，我猜想先生可能从一开始就是把我当做继承人的候选人来培养的。也正是因为这样，说让我读书，具体来说就是读梅茨格的《刑法教科书》（Edmund Mezger，Strafrecht，ein Lehrbuch，3. Aufl. 1949）。

井田　著名的第三版啊。

西原　第三版。其实齐藤先生“二战”前就去过德国，从梅茨格那里拿到了这本书的翻译权。因为要完成翻译并出版，于是对我的刑法指导就以翻译这本书的形式进行。

而和我一起翻译的，是中央大学教授、前几年去世了的下村康正先生。为什么是和下村先生一起翻译呢？其实，在1935年以前，早稻田大学都没有自己的刑法专任教授，于是就请实务部门的专家来授课。当时请的是大审院法官草野豹一郎先生，作为兼职教授来上课。齐藤先生听了草野先生的课，决定留校。1928年，齐藤先生成了早稻田刑

法的第一位助教。因此，可以说齐藤先生是草野先生的开山大弟子。草野先生不仅在早稻田大学任教，还在中央大学任教，而且“二战”后还一直在中央大学任教，下村先生是草野先生的关门弟子。因为草野先生年纪大了，齐藤先生就让自己的小师弟下村先生，他的德语也相当不错，和我这个徒弟两个人一起翻译梅茨格的教科书，以这种形 20
式来教我们。

开始翻译了，齐藤先生会事先跟我们说，比如“去翻译三页来”。一周几次我记不太清了，应该是一周两次。每次都让我们翻译三四页，但实际上每次上课只能给我们指导讲解不到一页。

井田　非常认真细致的指导啊。

西原　在内容方面，“这种表述说的是这个意思”“因为有这个背景所以才会这么说”，像这样，把刑法学的背景都给我们介绍说明了，而不仅限于翻译。在翻译方法方面，他经常跟我们讲，“日语不怎么喜欢用主语，翻译的时候可不能这样”，“主语、谓语一定都要表述清楚”，翻译的方法，标点符号该怎么点，连这些都一一教给我们。因此，虽然名义上是翻译梅茨格的《刑法教科书》，但实际上教给我们的却是教科书背后的德国刑法学本身。

井田　齐藤先生的指导，是以梅茨格这本书的精读讲解为中心吗?

西原 是的，除了授课，齐藤先生还把下村先生和我叫到面前，这种面对面的精读讲解每周都有两到三次。

21 **高桥** 研究生院里其他的课是怎样上的呢?

西原 在研究生院教室里的授课已经没有什么印象了。

高桥 这样啊。

井田 先生是从 1952 年开始当法学部的助手。

西原 是的。

井田 具体有哪些职责呢?

西原 助手嘛，就是助教之前的职务种类，协助指导教授的研究、教学啊，期末考试、入学考试的监考啊。多少带有一点奖学金的性质，由各个教授推荐自己认为合适的人选。虽然薪水不多，但当这个助手是我有生以来拿到的第一份工资。

井田 整个法学部录用 10 人到 15 人左右，是吧?

西原 对。不是从本科生里选，是从研究生院的学生里面选。在这些人当中，有很多人后来留在早稻田当老师，或者去其他学校当老师。

高桥 都是相当优秀的人啊!

3. 弗莱堡研究所的舍恩克所长委托的两项工作 22

井田　我们感兴趣的是，齐藤先生是怎样和德国的研究者建立起联系的，齐藤先生在德国留学时和舍恩克、梅茨格等见过面吗？

西原　这一段我是非常清楚的。齐藤先生 1936 年至 1938 年在柏林大学留学，当时正是“二战”前的柏林奥运会的那一年，也正是纳粹迅速抬头的时期。当时柏林大学有一个叫刑事学研究所（Kriminalistisches Institut）的研究所，先生就是在那里留学。

井田　那可是名留青史的研究所啊！

西原　这个研究所是著名的弗朗茨·冯·李斯特（Franz von Liszt）设立的。李斯特去世之后，由科尔劳施（Eduard Kohlrausch）继任。李斯特的事业，每一个领域都有不同的人来继承，这个刑事学研究所就是由科尔劳施当所长，俗称科尔劳施研究所。齐藤先生在那里留学时，有一个叫阿道夫·舍恩克（Adolf Schönke）的人在那里当助教，和齐藤先生坐邻桌，在齐藤先生留学的两年时间里，两人建立了非常深厚的友谊。这个舍恩克 1938 年被弗莱堡大学聘去做教授，在那里成立了“外国刑法和国际刑法研究会”（Seminar für ausländisches und internationales Strafrecht）。开始时实力还不

舍恩克先生

23 是很雄厚，但舍恩克是个有着强大政治力量的很了不起的人，“二战”结束后不久，1947 年这个研究会就升格为研究所，成立了“弗莱堡大学外国刑法和国际刑法研究所”。研究所在大学之外有独立的办公场所，藏书和组织体系都在他的领导下不断扩大。

这其实是我去弗莱堡研究所留学的一个重要契机。我是 1951 年进的研究生院，就在刚刚开始读硕士的那一年，齐藤先生接到了刚才说的舍恩克所长的委托。具体是什么事呢？因为战后外国的刑法发展到什么程度了，情况无从了解，想要出版《现代外国刑法》（Das ausländische Strafrecht der Gegenwart）这样一套丛书。其中第一卷是日本刑法的制度、学说和判例的概观，用德文写作书稿。舍恩克所长委托的就是这样一件事。

我也不知道先生会不会把我的名字署上，就轻松地接受了。除了我以外还有另外一个人，是和我同一年级的研究生院同学，不是学刑法的，是研究比较法的，德语也很好，后来到防卫厅工作了，叫高久保基一，由我们两个人 24
把先生写的书稿译成德文。

当时，先生在担任第二法学部的部长（夜校法学部的部长），他的部长室在一个像地下室似的地方。在他的部长室给我设了一张桌子，让我在那里工作。11 月 29 日签署了写作合同。当时我还是硕士一年级哦。（笑）按照写作合同，要在第二年的 6 月 16 日拿出德文 160 页的大作。因为当时我只是一个硕士生，现在再来看当时写的内容，完全拿不出手，最后还请德国人帮着看过，不管怎么说总算是完成了。真的是没少下工夫，这也是理所当然的，因为本来刑法的知识储备就不够充分，而且，我的德语用来应付考试还可以，但真要是写成给外国人看的德语，还是很难的，困难很大也是当然的。用齐藤先生的话说就是，“今年秋天进入法学部长室的西原，和明年春天从这里走出去的西原，虽然名字还叫一个，但意义已经完全不一样了”。先生就是这样对我说的。对我而言，真是经历了一场异常猛烈的学术洗礼。这是我协助齐藤先生完成的第一项工作。

《外国刑法典丛书（德译本）》

谁想到，这个刚完，舍恩克所长的委托就又来了，这次是把《日本刑法典》翻译成德文。《日本刑法典》已经在1908年由大场茂马翻译成德文了，并且作为德国的《外国刑法典丛书（德译本）》（Sammlung außerdeutscher Strafgesetzbücher in deutscher Übersetzung）第23号出版了。但是此后法律又经过修订，舍恩克所长希望将现在的条文翻译成德文，这个委托齐藤先生也接受了。我又参与了这一次的翻译工作，从硕士二年级一直进行到博士一年级，等到出版的时候我已经是助教了。出版时书名叫《修订日本刑法典》（Das abgeänderte Japanische Strafgesetzbuch），先生和我共同署名的，依然是作为《外国刑法典丛书（德译本）》出版，是第65号，于1954年出版。这是我协助齐藤先生做的第二项工作。

井田　第一项工作只署了齐藤先生一个人的名字。在西原先生的著作目录里也没有出现这本书呢。(笑)

西原　是没有。

井田　我在德国看到过这本书，挺大部头的，让我吃了一惊。是把日本刑法总论教科书上的内容直接用德语写成，非常详细，真是花了很多心血的力作。

西原　哪里，内容是十分拿不出手的，但花了很多心血倒 26
是真的。刑法典的翻译因为有大场先生的译文在那里，以此作为基础，多少还是轻松一些，不过也是绞尽脑汁、煞费苦心。

谁能想到，在1953年5月《日本刑法典》的翻译工作正在进行的过程中，完成是在1953年8月，5月份委托人舍恩克所长竟然发生了交通事故，年仅45岁就英年早逝了，事故发生在弗莱堡研究所的南面。

高桥　京特尔斯特（Günterstal）是吧？

西原　对，一个叫京特尔斯特的村子，舍恩克当时就住在那里。正好是在研究所和村子之间发生的交通事故。

京特尔斯特路

27 **井田** 说起来，马克斯·普朗克研究所还有一条路叫“京特尔斯特路”呢。

西原 对，对。

高桥 朝绍因斯兰（Schauinsland）去的方向。

西原 是的，在开往绍因斯兰的途中，一眼就能望见瑞士阿尔卑斯山的地方，有京特尔斯特这么一个村子，舍恩克所长在去这个村子的途中发生交通事故去世了。接下来继任研究所所长的就是汉斯-海因里希·耶赛克教授，我们接下来也会经常提到他。齐藤先生接到这个消息后，给耶赛克写了一封信，说明“我是怎样受舍恩克所长的委托翻译《日本刑法典》，现在翻译工作已经接近尾声，是不是还继续翻译？”询问耶赛克所长的意见。齐藤先生给德国的信件，通常都是由我来翻译成德语。这封信是齐藤先生写给耶赛克的第一封信。耶赛克的回复是：“当然要继续，请继续翻译工作。”就这样，又加上沟通出版的事情，齐藤先生和耶赛克所长之间建立了书信联系，而这些工作我都有参与。这就成了我去弗莱堡研究所留学的一个大的背景。

4. 德国刑法修订资料等的翻译 28

井田　您去弗莱堡大学留学的经历我们放在后面再谈，先继续您在研究生院修行的时代。那时候，在日本，刑法修改是一个非常重要的主题。我听说，齐藤先生的研究室受委托承担了德国刑法修改相关资料的翻译工作。这方面您能谈谈吗？

西原　正如刚才所说，翻译完《日本刑法典》是1953年，当时我正在读博士一年级。在此之后不久，1956年，日本战后的刑法修改事业开始了。正如大家所了解的，刑法修改准备会启动、开始审议就是在那一年。而在4年之前的1952年，德国开始了战后刑法修改事业。在进行了一些准备工作之后，1954年，德国在司法部内部设置了刑法大委员会，开始了正式的审议。在此背景下，日本也是刑法修改的势头高涨，后来虽然因为种种原因遭遇了挫折，这个后面也要谈到，但在刚开始的时候，对刑法修改都是倾注了全力的。

因此，德国为刑法修改所准备的各种资料、制定的草案，对这些资料进行翻译，以期对日本的刑法修改工作有所助益，这在当时肯定都考虑到了。而这些翻译工作全都一个不落地跑到齐藤先生这儿了。

29 **井田**　这可不得了，结果就都跑到您这儿来了。（笑）

西原　我估计是因为传闻齐藤先生这边有一个会德语的年轻人，但实际上却是高估我了。不过既然齐藤先生接受了，我也只有去做。当时德国分为东德、西德，于是就先从西德这一边的刑法修改资料翻译起。开始是在 1956 年……

井田　1956 年，我出生是在这一年。（笑）

西原　1956 年啊。先是翻译了那一年完成起草的刑法总则草案，接下来是理由书，然后 1959 年翻译了分则草案，再往下是 1960 年草案、1962 年草案。实际上，这个 1962 年草案基本上就是大委员会确定的草案了。这些都是我组织翻译的。当时经常被称为“齐藤工厂”，工厂的厂长是齐藤先生，工程主任是我，就是这样一个位置。当然，也不是我一个人在做，有各种各样的人在帮忙，这些人的翻译我都全部通读过。我自己也在翻译上花了相当多的时间。总之，真的是十分不容易。今天回想起来都觉得，这么庞大的工作量是怎么完成的。

想一想看，我和德国刑法学的关联，是从翻译梅茨格的著作开始的，通过翻译开始德国刑法学的学习。在此之后，很快就先进入了输出多于输入的状态。用德文写就了 30
那两部著作，算是第二件工作。第三件工作是作为国家事业的进口，翻译德国刑法修改事业的各种资料，以资日本的刑法修改事业借鉴，在形式上这算是进口，我也参与了。在战后的日本刑法学会，有这样经历的，也算绝无仅有吧。

井田　我光是听都听晕了。（笑）我们再把话题往前推进一些，1962 年 8 月，您获得亚历山大·冯·洪堡财团的资助，赴德国留学。

三、到弗莱堡大学外国刑法和国际刑法研究所留学

1. 留学的准备

井田　从刚才您讲述的这些可以感觉到，您去德国留学可以说是必然的。关于您去留学之前的经历、为留学所做的准备以及留学地点的选择，能给我们讲一讲吗?

西原　这个嘛，我童年时就和德国文学结了缘，可以说对德国是很憧憬的。踏上研究者的道路之后，也想着将来有 31
一天要去德国留学。但就像前面所讲的，经历了一段非常

繁忙的时期，博士论文也基本写完了，这一段在接下来的第二章还要谈到。到了1961年秋，开始具体计划去德国留学了。不过，留学的准备工作其实在很早以前就开始了。大约在此之前五六年，我就随身带着一个专门为准备留学用的小笔记本。比如说，交流所需要的日常用语，听到德国人说的很地道的日常用语，我都会记下来。还有，德国有哪些地方值得去参观访问，哪些地方值得一去，都会把具体地名记下来。记这些的小笔记本，我在五六年前就开始写了。

井田　这样啊，这可真是准备得相当充分。

西原　然后就是口语的训练。我的德语训练是从读开始的，接着又因为偶然的机会，写这方面得到了锻炼，但说这方面却还没有锻炼过。不过，又一个偶然的机会来了。我记得正好是在我进入博士阶段的时候，从东德来了一位名叫哈拉尔德·厄勒（Harald Oehler）的新教牧师，是无教会派的新教徒，有一半逃亡的感觉，跑到日本来了，投奔早
32 稻田大学的经济学者酒枝义旗先生。酒枝先生和齐藤先生曾经同在柏林留学，关系很好，就对齐藤先生说：“我这边有个德国牧师在办圣经研究会，你那儿有没有人愿意参加?”齐藤先生就对我说：“你去听听怎么样?”我不是基督教徒，因此并不是基于对基督教的了解做的这个决定。

我是想，“这说不定是我决定要不要成为基督教徒的最后一个机会”，而且还可以练习口语和听力，抱着这样的想法，我决定参加圣经研究会。除了这位牧师临时回国的一段时间，前前后后 6 年的时间，我都一直参加他的圣经研究会。当然，他讲的时候是有现场翻译的。他的圣经讲读，是以正统的德国神学为基础，非常严密的圣经讲解。事实上，这位牧师的兄长是刑法学者迪特里希·厄勒（Dietrich Oehler）。

井田　国际刑法的先驱，还曾经来过日本的。

西原　在科隆大学当过很长时间的教授。而这兄弟二人的祖父是尼采的外甥，竟和尼采有着血缘关系呢。

井田　这样啊，这我完全不知道。

西原　有着如此聪明的头脑，参加他的圣经研究会，对我在思想方面也是大有裨益。

不过到最后，我还是弄清楚了自己和基督教不是那么 33
意气投合。但这不是在一知半解的状态下作出的决定，而是在掌握了足以进行判断的知识的基础上作出的决定，因此还是很有意义的。与此同时，我还请牧师帮忙看我翻译的齐藤先生写给耶赛克的书信，牧师邀请我去吃饭时，还有机会和他直接用德语交流。这样一来，用德语说话的机会就增多了，口语方面的准备也进展迅速。总之是受益匪浅。

2. 留学的时机选择

西原 1962年，正是我感觉时机成熟的时候。我升为副教授是在这一年，拿到博士学位也是在这一年，而且，我博士论文的最后一章收录的论文《间接正犯中的实行行为》刊载在《刑法杂志》上（《刑法杂志》1961年第12卷第1号，第73页以下），获得刑法学会奖，也是在这一年。

井田 刑法学会奖这个奖当时就有了啊。

西原 第一届刑法学会奖是我和田宫裕先生两个人获得，就是在这一年。1962年，对我来说是飞跃性的一年。这一年的8月末我启程去了德国。关于留学地点，从前面所说的这些事情经过来看，理所当然就是弗莱堡，现在属于马
34 克斯·普朗克研究所（Max-Planck-Institut）旗下，当时还是弗莱堡大学外国刑法和国际刑法研究所。所长耶赛克教授给我出了接收函，还给资助者亚历山大·冯·洪堡财团（Alexander von Humboldt-Stiftung）写了推荐信。洪堡财团的奖学金定下来是在6月份，8月末我就踏上了旅程。

井田 关于留学的时间，是您自己决定的，要和博士学位论文画一个间隔符？还是齐藤先生对您说“差不多应该去啦”，您说好的，然后申请的洪堡奖学金？

西原 这个嘛，也没有那么严密。但我自己觉得，留学的

时机掌握是非常重要的。为了留学所做的各种准备，心理上的准备，学术上的准备，连口语也包括在内，这些方面都达到一个比较成熟的时期时，才适合去留学。

我后来跟很多年轻人都说过，跟今天在座的高桥老师也说过，留学还是应该在拿到博士学位以后，或者至少应该在完成博士论文之后再去。这也是我自己的经验。去了外国肯定会产生新的思想，把自己一直以来的研究搞得支离破碎。这样一来，以前积累到现在的东西就会变得不那么称心如
意，不得不从零开始，从头来过了。这样就又需要 10 年的 35
时间，对拿博士学位来说是比较不利的。因此，可以完成的还是在年轻的时候就把它完成，即使还不成熟也先把它完成。等到了第二个阶段的研究，再把留学充分利用好。我是这样跟年轻人说的。我认为这条路是对的，从结果来看，我也是这样走过来的。就这样，1962 年，正好到了刚才说的这个阶段，正是留学最恰当的时机，我是这么觉得的。

高桥　我也觉得，当时按照先生教导的做是正确的。

佐伯　刚才先生说的，对青年研究者还有他们的指导教授都是必读啊！

3. 当时的马克斯·普朗克研究所

井田　当时的弗莱堡大学，还有弗莱堡大学外国刑法和国

际刑法研究所是个什么样子，您能给我们简单介绍一下吗？

西原　弗莱堡大学的外国刑法和国际刑法研究所归入马克斯·普朗克协会旗下，成为马克斯·普朗克外国刑法和国际刑法研究所，我记得是在 1965 年，我去的时候还是大学的研究所。老研究所的楼在现在研究所的附近，但不是一个地方。弗莱堡市中心的建筑物有的是十五六世纪的老建
36 筑，但大部分是在 19 世纪末 20 世纪初建的。

当时的外国刑法和国际刑法研究所

井田　也就是德意志帝国形成以后。

西原　是的。很多是 19 世纪后半叶德国经济迅猛发展时期建的。老研究所买下了那个时期的一栋房子作为办公地点。

从弗莱堡市中心到现在的研究所所在的那条向南的路，京特尔斯特路的左侧是现在的研究所，在它右手边的古建筑就是老研究所，现在还保持着原来的样子。老研究所临街的一侧建有一个三层高的圆柱形的塔，那个圆柱形塔的第三层的圆形房间就是为我准备的，享受了特别待遇呢。

井田　一个人一间吗？

西原　是的。因为是过去的民宅，大礼堂什么的完全没有，而且除了我的房间以外，其他所有房间都堆满了书，很多德国学者还有外国来的研究者在这样狭窄的空间里桌子挨着桌子，就是这样一种感觉。 37

井田　当时研究所里主要的教授都有哪些？当时还是年轻学者后来成为著名教授的又有哪些？

西原　有后来当了奥格斯堡大学教授的赫尔曼（Joachim Herrmann）。

井田　在日本也很有名的赫尔曼教授啊。

西原　当时他在研究所做助教。

井田　这样啊。

西原　除了他以外，还有两位有代表性的助教。一位是后来去了康斯坦茨大学的莱宾格（Rudolf Leibinger）。

井田　这个我只知道名字。

西原　还有一位叫马特斯（Heinz Mattes）。他比较年轻时就去世了。莱宾格、马特斯这两个人是耶赛克有代表性的弟子。然后，研究所旁边的一栋建筑，是刑事学和行刑学研究所（Institut für Kriminologie und Strafvollzugskunde），那里的所长是维腾贝格尔（Thomas Würtenberger）。

井田　就是写那本著名的《德国刑法学的精神状况》的维腾贝格尔教授。

西原　还有当时在做助教，后来做了明斯特大学教授的施奈德（Hans Joachim Schneider）。

38 **井田**　就是后来著名的犯罪学者施奈德啊。

西原　他和我一样年纪，我在德国的时候还有回国以后，都和他保持着紧密的联系。

井田　有来自韩国、中国台湾这些亚洲国家和地区的留学生吗?

西原　有啊，有中国台湾来的两个在这边读博士课程的，蔡墩铭和苏俊雄，和我关系也非常好。他们两个人都拿了德国的博士学位，回台湾地区后当了台湾大学教授，后来都成为中国台湾地区有代表性的著名刑法学者。

井田　所长耶赛克教授，您留学的时候是第一次见到他吗?

西原　对，是的。

井田　还记得第一次见面的时候，都说了些什么吗？

西原　因为之前有过书信往来，再加上还有前面介绍的那些经历，就是那种“来了好，来了好，欢迎欢迎”的感觉。在研究所的待遇也是与众不同的，欢迎的心意在这些方面都表现出来了。对当时年少的我来说，耶赛克所长是那种“阿叔”似的感觉。但是，和耶赛克个人的关系，在第一次留学的时候还没有那么密切。

井田　这样啊，这还有些意外呢。 39

耶赛克夫妇

西原　是这样的，那时候，希腊、土耳其这些地方来的研究者的举止都很夸张，把耶赛克黏得死死的，再加上这些人口语也好，耶赛克都快成了他们的“俘虏”了。而且，耶赛克还担任国际刑法协会的会长，非常忙，各方面的活动都要参加。因此，与第二次、第三次访学德国时相比，和耶赛克个人的关系还没有那么亲密。不过呢，在演讲会经常能见到他，还有远足、圣诞晚会这些活动，还受邀请去过他家，品尝了耶赛克夫人亲手做的饭菜，过着一种家庭式的研究生活。

40　**井田**　有定期举行的大型研讨会吗？以耶赛克为首的德国教授和助教们，还有外国的访问学者们齐聚一堂的研讨会。

弗莱堡大学（转载自 *Bezauberndes Freiburg*，编者：Ruth Rombach，摄影：Hugo Beyer）

西原　最主要的原因是没有场地。研究所的楼新建了以后，是有这样的空间了，但在老研究所的楼里是开不了研讨会的。不过，耶赛克当时还在弗莱堡大学任教，也主持小组研讨。我第一年听他的刑法总论，第二年听他的刑法分论，一直都在上他的课。还参加了他主持的小组研讨，各国的老师都会来，非常丰富多彩，这一类的接触也比较多。

井田　原来是这样。

佐伯　耶赛克教授的授课是怎样的呢?

西原　耶赛克的课非常受欢迎，从早上 8 点开始。

佐伯　好早啊。(笑)

西原　8 点在日本算早，但在德国可没有这样的道理。我
刚到德国之后的半年时间，住在弗莱堡西南面郊外的一个 41
叫圣·乔治根（St. Georgen）的村子，坐公共汽车往返研究所。用的时间虽然不到 1 个小时，但出门的时候还是满天星斗，课上完的时候，阳光才终于照进来。(笑)

高桥　当时是冬天吧。

西原　那时候，耶赛克讲的课我基本上都听得懂，从一开始就是。

高桥　一开始就能听懂啊?

西原　但到了小组讨论的时候，开始时还听得懂，为了引入主题做的介绍什么的都能听懂，但随着讨论越来越热烈，方言就出来了，大家说的都是很活生生的德语，语速也快，这

时候我就跟不上了。因此，小组讨论的理解真是很不容易。

有一年，一位有名的犹太人教授作为外聘教师来到所里，他也担任过小组讨论的指导教授。发生了一件令我吃惊的事，一个女生报告她的研究成果，我听着还觉得“嗯，是一个不错的报告”，但这位教授却对她的报告穷追猛打地批判。德国的女性有很多都特别要强，这个女生也是，这个那个地解释，但越是解释那位教授就越是刨根问底，都批判到“包围歼灭”的程度了。到最后，这个要强的女生终于哭出来了。

高桥　研究主题是关于什么的呢？

42 **西原**　这个已经记不得了，总之就是那种到极限为止彻底思考的气质，给我留下很深的印象。

有很多值得回忆的事。冬天，小组讨论正在进行着呢，窗外就下起雪来。小组讨论是晚上8点开始，10点结束。但有的时候时间到了，讨论却正处于白热化阶段，到了10点钟还结束不了。德国的咖啡馆不是营业到半夜嘛，于是就把场所转移到咖啡馆，继续讨论。这样的事，在东京是很难想象的。

井田　是很难想象，末班车没了就回不了家了。

西原　在弗莱堡大家都住在市区，想讨论到什么时候都可以。像这样整个城市就是大学，在日本是见不到的。

弗莱堡远眺

井田　真是令人羡慕啊！

西原　如此深刻地感受到充满学术气氛的环境，就是当年在德国。我到现在还记得，在雪花飘飘中，转移到咖啡馆继续小组讨论，真是让人怀念。弗莱堡城市虽小，但南北方向却很长，于是，过了最初的半年之后，我就开始开车往返了。

井田　才半年就开始开车了啊？

西原　是的。开车大概需要 15 分钟。

井田　您买了车吗？ 43

西原　买了一辆二手的大众车，开着它往返研究所。当时，我是有生以来第一次到外国，想着等过了半年，熟悉了德国的环境之后，再接家人过去。如果带家人去，洪堡财团是会提供相应的津贴的，因此，也不是没想过一开始就带家人过去。但毕竟孩子才 4 岁，还是没有这个信心，还是等到过了半年之后才把她们接过来。来了之后，我就买了车，早上 8 点从家出发，8 点 15 分就坐在研究所开始看书了，到 12 点还有大把的时间。

井田　上午的时间可以很充分地利用。

西原　到了 12 点开车回家，15 分钟到家。在家里吃过午饭，午休 30 分钟到 1 个小时，再返回研究所，最晚也就是
44 2 点。从 2 点开始到 5 点，又有大把的时间。于是到了晚上，想着白天已经工作这么久了，晚上的时间就可以随意支配了。而且，音乐会啊这些文娱活动都是晚上 8 点开始，可以不慌不忙地吃过晚饭再出发。过着在东京无法想象的、天堂一般的生活。

高桥　感觉在德国时间过得要慢呢。

井田　确实是。

西原　时间是在东京的 1.5 倍。（笑）

4. 当时的德国刑法学会

井田　当时德国刑法学会的状况是怎样的？讨论得最热烈

的话题，在理论方面是目的行为论，在政策方面是刑法修改问题吧？

西原　确实，目的行为论是一个灼热的讨论对象。该理论的首创者汉斯·韦尔策尔（Hans Welzel）及其弟子阿明·考夫曼（Armin Kaufmann）等人经常在刑法学会露面。对于目的行为论登场的背景，比如哲学的变迁与刑法学的变迁的关系等，我在以前就学习过，对这些论争都理解得比较透彻，对我的研究也有不小的参考价值。这些在本书的
第二章还会谈到。总之，目的行为论这一学说，从一个侧 45
面很准确地反映了从战前到战后的思想变迁。纳粹并不是无视法律、在没有法律的状态下实行恶行的，极端地说，是通过制定把恶行正当化的法律来实行恶行的。正如几位所了解的，在1933年德国纳粹快要夺取政权的时候，就制定了简称《授权法》的法律，不需要通过国会制定法律，承认了政府具有制定和法律同等效力的规范的权力，通过法律授予政府这样的权力。根据这部《授权法》，导致了某种意义的“法律”泛滥，无所不为。在奥斯维辛集中营里都是有法院的。说到底还是体现了一种德国风格，披着合法性的外衣实行恶行。

“二战”结束后，这些都得以澄清，人们开始思考“法律究竟是什么”，提出“不能依赖实定法”。既然不能

依赖实定法，自然而然就想到了自然法，必须有超越制定法的正义的理论体系。于是，理所当然地，自然法的思想受到重视。自然法理论，在德国最早是作为“神的法”登场的，但在现代化过程中逐渐作为“理性的法”不断得到洗练。自然法思想的复活是当时一个大的主题。

另一个大的主题是，人的生存方式是脑袋里想出来的“应该这样”，像纳粹那样认为“德国人应该这样”，这种拍脑袋来决定人的生活方式的思想是不正确的。人的生活方式是应该由每个人自己决定的，变成了这样一种思想倾
46 向。相应的，哲学也在发生变化。“二战”后存在主义哲学登场，是有这样一个历史背景的。这在第二章也会谈到，这里先简单提一下。“二战”前，新康德主义学派非常盛行，我也是从旧式高等学校开始受新康德学派的影响比较深，认为那才是人的哲学。但是，新康德学派认识论的基础——“模型”这样一种东西，和“范畴”重叠在一起是它的特色，和范畴相符合还是不相符合，是一切思考的出发点。放到刑法理论里面，就是构成要件论。是否符合构成要件这一模型，是认定犯罪的出发点，这样一种思考方式。因此，构成要件论原本和实定法优先的思想是有共通性的，于是受到了批判。更深入的在第二章再谈吧。总之，刚才说的这些，在小组讨论、上课的讨论中都会时不时地出现，在日本的时候觉得“不是这样的吧”的一些想法，

在德国能够直接听到，感觉非常有意思。

井田　您去留学的时候，是不是争论的趋势已经确定，讨论的大方向已经大体可以看出来了？

西原　还没有确定，当时还是 1962 年。

佐伯　逐渐开始转向罗克辛（Claus Roxin）的感觉？

西原　罗克辛当时还年轻，还没有那么有力。 47

高桥　当时的权威学者，除了韦尔策尔，还有哪些人？

西原　泰斗级的有卡尔·恩吉施（Karl Engisch）、理夏德·朗格（Richard Lange）、威廉·加拉斯（Wilhelm Gallas）、保罗·博尔克曼（Paul Bockelmann）等人，这些在日本如雷贯耳的大家，在刑法学会都见到了。中流砥柱一级的有阿图尔·考夫曼（Arthur Kaufmann），他的理论体系在一个时期还曾经占据主流，但后来还是转向罗克辛了。我留学的时候，反提案小组就已经形成了。它戏剧性地登场是在 1964 年的汉堡年会，但它的谋划结成却是在前一年的萨尔布吕肯年会。在萨尔布吕肯举行的刑法学会年会活动结束后，年轻教授们聚在一起，组成了批判 1962 年草案的反提案小组。然后，在第二年的汉堡年会上，起草 1962 年草案的刑法大委员会的成员们和青年教授之间发生了大论战，而这两届年会我都有幸参加。

井田 您到德国是1962年，对吧？

西原 萨尔布吕肯年会是1963年。

井田 再下一年就是汉堡年会那一年。

西原 对，汉堡年会是之后的那一年。我在萨尔布吕肯年会的时候，觉得“怎么回事”，有点搞不清楚状况。后来
48 回想一下，“那是反提案小组成立的会议”。到了下一年的汉堡年会，刑法大委员会的大人物们一一登场，就是刚才说的那些权威泰斗，还有韦尔策尔、耶赛克。

井田 在这次年会上，于尔根·鲍曼（Jürgen Baumann）、罗克辛等新生势力开始兴起。

西原 这些年轻教授对那些坐成一排的头面人物猛烈批判，场面可真是不得了。罗克辛站起来讲，“康德、黑格尔式的思考方式是不行的”，他滔滔不绝地批判的样子，直到现在这两次年会还印在我的脑海里。

井田 我从宫泽浩一先生那里也听到过不少。在汉堡年会上，一直以来保持着不可侵犯的权威的当时的泰斗们，成了罗克辛批判的靶子，这些大佬们一个个都软弱无力，完全无法反驳。年轻教授们一看，“什么嘛，批判也没关系嘛”，一下子就来了劲……

西原 说“软弱无力”不是很准确，是静静地，你想说什

么全让你说，那么一种感觉。但不管怎么说，还是很不得了。罗克辛等人跟我说，萨尔布吕肯年会是他们首次参加刑法学会的年会，才第二次参加年会的新人就作出那样的发言，这在日本的刑法学会是很难想象的。我当时觉得，“哎呀，真是叹为观止”。

井田　对当时的权威们从正面进行批判，“你们是错误的”。 49

西原　是的。前面也提到过，因为我翻译过从总则草案到1962年草案为止的德国刑法修改大委员会的研究资料，草案的内容我都了解。事实上，对草案的内容我当时还是持相当肯定的态度的。在当时，比如小野清一郎先生领导的法制审议会刑事法特别部会也是……

井田　您当时是特别部会的干事。

西原　从德国回来之后被任命为干事了。特别部会对德国的1962年草案，一开始也是持肯定态度的。比如平野龙一先生、平场安治先生，一开始的时候也是持肯定态度的。但是因为反提案小组的活动和批判，受到较大的刺激和影响，于是转为了持批判态度。当然也不只是因为这个，除此以外还有各种别的理由，但我觉得这个因素是无法否定的。我从德国回来之后，成为刑事法特别部会的干事，和吉川经夫、松尾浩也、宫泽浩一是一起的。当了干事之后，一开始的时候是热心协作的，但逐渐感觉到修改的基本方

向是不行的，此后就渐渐地开始对这个基本方向发表批判性意见了。或许平野、平场两位先生主持的刑法研究会也
50 对我产生了不小的影响，但要论起因，还是萨尔布吕肯、汉堡两次年会，我直接参加了，亲眼目睹了那些争论的过程，对我的影响不可谓不大。

佐伯　耶赛克是1962年草案的起草成员之一，他也说过“虽然年轻人们这么说，但这是不对的”这样的话，是这样的吗？

西原　耶赛克说了“岂有此理”（ärgerlich）。

佐伯　还是说了啊。

西原　是的，说了。“岂有此理。说出那样的话，这可不是那么简单的。”可以看出，耶赛克对在比较法基础之上构筑起来的理论是有自信的。因此，即使是我，当时也……

井田　动摇了？

西原　不是，也不能说是动摇，如果一定要挑一个的话，还是大委员会的观点更加扎实充分。相对而言，批判的那一方在思想上还有些不成熟，还有一些弱点，是这样一种感觉。

井田　这样啊。刚才这一块，作为学说史上的研究课题，很值得深挖一下。

5. 德国的“信赖原则” 51

井田　除了刚才谈到的目的行为论、刑法修改问题，当时比较瞩目的研究主题还有哪些呢？

西原　我这次留学正式的研究主题是刑法修改，而且不仅是表面的讨论，还到现场去接触各种各样的讨论、意见和情绪，以及这些与刑法修改的关系是怎样的，我是抱着这个目的去留学的。但是，在留学的过程中又插入了别的因素，这在第二章会谈到，也就是和信赖原则的关系。德国的交通状况孕育诞生了信赖原则。我一边思考着如果放到日本会是怎样，一边开着车在德国的大地上驰骋。与此同时，还读了这方面的文献。这样一来，研究兴趣就慢慢转移到了信赖原则。

井田　原来是这样。

西原　我买了二手大众车之后，虽然当时东德只能去柏林和波茨坦，西德却去了很多地方，切身感受了德国的交通状况，鲜明地体会到德国的守法精神之高、道路设施之明确。与之相比，在日本，哪一方的车辆优先是不明确的。总之，在德国，哪一方的车辆有优先权是非常明确的，在
掉头的地方，哪一方优先都是很明确的。而在日本，虽然 52
优先的观念是明确的，但非优先只是作为优先的反面，没

有一个标志把它显示出来。在德国的十字路口，人们遵守交通信号灯或者交通标志，没有标志的时候就遵循“右方优先”的原则，这是非常彻底的。因此，如果违反非优先原则引起交通事故，就直接追究责任。但是在日本，优先标志是有的，非优先标志却没有。在德国是两种标志都有，一侧竖着优先标志，另一侧竖着非优先标志，优先、非优先的关系是十分清楚的。

除了优先、非优先这一点非常明确，还有就是，德国人对法律、法规遵守得特别严格。比如，盘山公路上如果划了中心线，在比较缓的转弯处是可以超车的。在这些地方，就是为了在转弯处超车才划的中心线。在转弯的地方，我都是直着开的。因为即使是在转弯处，只要对面没有车开过来，直着开也是可以的。但如果是德国人，在这种情况下都会按照中心线来开。与之相反，到了意大利发现，他们只有非常宽的道路才有中心线。意大利人不喜欢中心线啊。（笑）

53 **高桥** 这就是国民性的差异啊。

西原 都在路中央开，但是又危险，感觉相互快要撞上的时候“嗖”的一下躲开，非常灵巧。总之，虽然没有发生交通事故，但中心线是没有的。我这个日本人在那边这么开车，筋疲力尽。回到德国的时候，感觉一颗心才放下来。

但是，在意大利、法国留学的日本人到了德国，都会叫“累死了，累死了”。回国之后给我写信还说，“出了德国的国境进入法国，感觉长出了一口气”，确实是不一样啊。

在德国有如此彻底的守法精神，因此采用信赖原则的空间就很广。与之相比，日本还远远没有达到这一步。1959 年我在日本刑法学会年会上的报告提出，“德国虽然有信赖原则，但在日本采用信赖原则还为时尚早”，在确认了这一观点的正确性之后，我踏上了回国的旅程。但回来之后却发现……

高桥　日本已经变了。（笑）

西原　回来之后发现完全大变样了。原因是在我回国那一年秋天，东京举办了奥运会。为了迎接奥运会时从外国来的大量游客，当我还在德国的时候，首都高速路就建成了，交通信号机、道路标志、人行横道这些设施都逐渐齐备。刑法修改是我去德国之前开始的，现在也逐渐有了定论。 54
回来之后，感到这两年间发生了如此大的变化，虽然还不能全面实行信赖原则，但已经具备部分采取信赖原则的空间了，我当时是这么考虑的。这些在第二章还会谈到，作为能否采取信赖原则的判断条件，我一边对日本和德国的交通情况进行比较，一边开着车在德国的道路上驰骋。无疑，这些都成为我日后的研究，乃至后来引领了一个时代的信赖原则研究的背景。

6. 和马克斯·普朗克研究所后来的联系

佐伯　您回国之后，和马克斯·普朗克研究所还保持着亲密的交流吗？

西原　我和马克斯·普朗克研究所的联系，在回国之后还在不断加深。特别是当时负责亚洲事务的研究者，是一个叫郑钟勗（Zong Uk Tjong）的韩国人，他是一个非常客观的人，并不反日，对日本人的那些优点都是承认的。比如，在研究所购买书籍这件事上，他就说，“好东西就是好东西”，日本的文献，只要是该买的，他都会买。真的是一个非常公平、非常了不起的人。我对郑先生十分钦佩，他对我的评价也很高。后来马克斯·普朗克研究所的很多比较法研究活动，都是他运用自己的人脉关系组织实施的，我
55 也参加了不少。

最开始，参加了有关“刑法的国家保护规定”的共同研究。那次让外国人大吃一惊，“日本在这方面的国家规定完全就没有嘛”，正是这次共同研究，让外国同行形成了这一评价。的确，当时就已经没有这方面的规定了。

接下来，又组织了有关“罚金刑”的共同研究，这项比较法研究出版了很厚的书，这是世界上第一次关于罚金刑的合作研究成果。

马克斯·普朗克研究所新址

井田　我们也都很受激励。

西原　还有就是，各个国家有关刑法的法源以及文献目录的编制，我也参与了一些。特别值得一提的是，埃泽尔（Albin Eser）接替耶赛克担任所长之后新启动的项目，围绕"违法阻却和责任阻却"这个共通的主题，开展外国与德国的比较研究。比如，德国与拉丁语系诸国、德国与美国、德国与波兰，就这样，研究成果逐渐积累起来。埃泽尔所长也计划开展德国与亚洲针对这个主题的共同研究，56
希望我来组织一下。我说"亚洲这个范围有点太大了，最好能够限定为东亚"，埃泽尔所长说"就这么办吧"，于是开始了这项共同研究。

德国·东亚刑法学术研讨会（1993年，东京）

当时正值日本和韩国刚刚恢复邦交正常化，韩国方面，就请我在弗莱堡留学时关系比较好的韩国学者来组织。中国大陆方面，我主持的中日刑事法学术讨论会已经举办过几次，逐渐建立起了人脉，组织参会人员也比较容易。中国台湾地区，前面提到的当年一同留学的两个非常优秀的学者，现在都做了台湾大学的教授，请他们俩参加。就这样，德国、日本、中国、韩国的共同研究得以实现。至少在“二战”后这还是第一次，在刑法这个领域，说不定还是历史上第一次。在法学的其他领域，我也没怎么听说过。就是这样一次研讨会，在距离现在22年前，1993年在早稻田大学举行了。

最难的是中国大陆。韩国和中国台湾地区都和日本一
样，受德国刑法学的影响，违法和责任是分开的。但在中 57
国大陆却不区分违法和责任，只是分为主观要素和客观要素，对违法和责任是没有明确区分的。因此，要参加讨论是非常困难的。而且会德语的人也基本没有，这也是一个难题。就在这时，非常碰巧，有一个曾在马克斯·普朗克研究所留学、拿了弗莱堡大学博士学位的中国研究者，叫李海东（现在在做律师），经耶赛克介绍到早稻田大学留学来了。于是，就以这个人为中心，参会人员也有了，翻译也有了，好不容易中国方面的参加终于得以实现。现在回想起来，中国、韩国、日本的学者围在一个桌子前讨论学术问题，这在当时真的是非常少有的。因为是第一次，这个研讨会的举办本身就是一项很大的成果。从研讨的内容来看，对相关几个国家或地区的刑法学应该也是有意义的。这也是由马克斯·普朗克研究所的关系诞生出来的一个成果。

就这样，我和马克斯·普朗克研究所的联系，主要是通过参加各种各样的共同研究这种形式。说起来，可能主要还是“出口”，这方面的工作真的是做了不少。但我为什么要强调和马克斯·普朗克研究所的关系呢，因为在这里结交了很多朋友，建立了深厚的友情。

马克斯·普朗克研究所我去了很多次，结识了各种各样的朋友。大家都用德语进行交流，这就意味着可以共同
58 开展研讨的对象增多了。比如，要开日韩刑事法的研讨会，只要有资金，很快就能开起来。这个已经开过了，在首尔举办过。还有，和波兰的共同研究，总之就是能一起举办研讨会了。

有意思的是，波兰这个国家和日本基本没有怎么建立联系，无论是政治还是经济。充其量就是在音乐方面联系还比较紧密，其他方面则完全没有。但是在和德国的关联这一点上，两个国家有了共通之处。当然，波兰有反德的一面，波兰有过被德国侵略的历史，还存有仇恨。但在现在，相较而言，和德国的关系是比较近的。如果以德国作为标准，波兰和日本真的是性格上完全不同的两个国家。特别是波兰受天主教影响很深，这一点和日本完全不同，无论在历史、宗教、文化、经济各个方面都不同。两个国家之间，有哪些地方是共同的，有哪些地方是不同的，为了弄清楚这些，把德国放在中间，举办研讨会，岂不很有意思。基于这一设想，在1997年的时候，我和同为洪堡财团奖学金获得者的波兰刑法学者希瓦茨（Andrzej J. Szwarc）教授一拍即合，搭建了“德国、日本、波兰刑事法学论坛”这样一个平台。这个设想是我提出来的，但后来因为太忙就放手不管了，给周围的人添了不少麻烦，但

直到今天这个论坛还在继续着，虽然形式和当初很不一样了。 59

第二次德国·波兰·日本刑法学术研讨会

井田 是的。第一次是在波兰（波兹南），第二次是在日本（大阪），第三次又是在波兰（波兹南和格但斯克）举办。此后虽然有一段时间的间断，但在波兰的舒瓦尔茨教授和德国的约尔登（Jan C. Joerden）教授的共同努力下，又举办了两次，日本方面是山中敬一教授在牵头。2010 年和 2013 年，在德国和波兰国境相连的法兰克福举行。最近，土耳其的研究者也参加进来，发展为“德国、日本、波兰、土耳其刑事法学论坛”。

西原 原来是这样。不管怎么说，这些交流能够得以开始， 60

都有赖于在马克斯·普朗克研究所建立起来的人脉关系。此外，比较法的方法，研讨会、会议该怎么办，有关这些，在研究所积累的经验都使我受益良多。总之，从当年到现在，和马克斯·普朗克研究所的联系，在我作为刑法研究者的人生中占据了非常重要的位置，这一点是毫无疑问的。

井田 背景了解得非常清楚了。

西原 今天就到这里吧。

全体 谢谢。

第二章　研究兴趣的变迁

一、 对战后德国刑法学的兴趣

1. 从梅茨格到韦尔策尔

高桥 今天是第二次访谈，想请西原先生谈谈您刑法研究的轨迹，到现在为止是怎样的一个过程。这其中有几个转折点，咱们就先从“对战后德国刑法学的兴趣”开始谈起吧。

西原 就像前面说过的那样，我的研究生涯是从在齐藤先生指导下翻译梅茨格的教科书开始的。在读的过程中，注意到梅茨格又出版了新的论文。书名嘛，“Dogmatik”这个词翻译成什么？

井田 一些人坚持把它翻译为“教义学”，但通常来说还是译为（法）解释学。不过如果是 Strafrechtsdogmatik，相比刑法解释学，还是翻译成理论刑法学更好一些。

高桥 现在多数人都翻译为理论刑法学。

64 **西原** 理论刑法学啊。那么就是《理论刑法学的新道路》（*Moderne Wege der Strafrechtsdogmatik*，1950），这本梅茨格的著作。这其实是我自己买的第一本德国学术书。为什么要买这本书呢？这本书有一个副标题，叫做“《刑法教科书》的补充研究”。我想，既然在翻译梅茨格的教科书，这本书也就必须要学习一下，于是就买下来了。读着读着发现，战后“目的行为论”（finale Handlungslehre）这一新的理论开始抬头，可以看出，是为了和目的行为论较量而写了这本书。在这本书中，梅茨格对目的行为论进行了批判，也部分地吸收了其内容。这样一来，就一定要看一下目的行为论的创始人韦尔策尔的教科书了。

佐伯 这是您研究生院一年级的时候？

西原 研究生院硕士一年级的时候。买了《德国刑法纲要》（第二版）（*Das deutsche Strafrecht in seinen Grundzügen*），想要了解一下目的行为论是怎样一种理论，还有战后为什么会出现目的行为论，从韦尔策尔和梅茨格的论战中去寻找答案。我研究发现，其背景是横跨战前到战后的德国法学界的一场大讨论。而被视为这场争论开端的，是韦尔策尔 1935 年出版的《刑法中的自然主义和价值哲学》（*Naturalismus*
65 *und Wertphilosophie im Strafrecht*）一书，我买了这本书，一起

配合着读。结果发现，梅茨格的核心理论的支柱，比如说构成要件论，是对 19 世纪末非常发达的、和自然科学一起兴旺发达的实证主义思考方法的批判，价值哲学作为“新康德学派”的哲学这种形式崛起，在刑法学上就反映为构成要件论。

我津津有味地读着这本书，原来作为刑法学的背景的德国哲学史，其实和社会的变迁有着非常紧密的联系，这个感受特别强烈。为什么这么说呢？1789 年法国大革命以后，19 世纪前半叶欧洲诸国完成了市民革命，否定了一直以来作为农业中心的政治机构的绝对主义，实现了市民社会。指导这场市民革命的无疑是 18 世纪后半叶的启蒙主义。作为资本主义发展的结果，出资权利、自由、民主主义这些概念由此产生。将启蒙主义的这一侧面予以明确的，是卢梭、伏尔泰这些法国学者。但说到底，权利、自由这些概念能正式登上历史舞台，不外是强调在其更深层次的“理性”的存在。为什么要强调理性呢？如果不把它拿出来，就无法否定农业中心的政治机构的根本——世袭制。而在这里发挥专长的是德国哲学家，比如，以康德为代表 66
的所谓观念论哲学的脉络是其理论支撑。这个背景是非常清楚的。

市民革命后的欧洲诸国受到前一个世纪发生的英国工业革命的影响，对其进行模仿，工业革命急速推进。其

西原春夫教授

结果就是，伴随着资本主义的极大繁荣，自然科学也大为发展。自然科学发展了，本来作为认识的主体的人，渐渐成为认识的客体，成为研究分析的对象。这是19世纪末自然科学万能时代的思想。

很有意思的是，在从19世纪进入20世纪的时代交替，恰好在这个时候新康德学派兴起了。新康德学派被称为是实现人的复兴的哲学。为什么这么说呢？康德说“没有主观就没有客观，没有客观也没有主观”，但新康德学派只说“没有主观就没有客观”。意思就是，人们面前的本来是既没有秩序也没有形态的错综复杂的一片混沌，只有当人们戴上“范畴”这个眼镜去看，事物才能井然有序。这样一来，确实人又再度成为了主人公。

佐伯仁志教授

新康德学派是对自然科学万能思想的反弹，被广为接受，构成要件论也理所当然地由此产生。M. E. 迈耶（Max Ernst Mayer）的理论是其典型表述。眼前的事物是没有经过任何整理的“单纯的事物”，只有戴着构成要件这副眼镜来看，才能区分出这是杀人罪，那是盗窃罪。按照这一思路就可以很清楚地发现，构成要件论来自于否定自然科学万能思想的新康德学派。 67

但新康德学派的理论在战后却迅速遭到批判，这又是为什么呢？理由在于纳粹的政策。这在第一章也谈到过，纳粹不是在没有法律的状态下实施那样的违法行为，而是非常德国人式的，把将违法行为、恶行予以正当化的规则、制度制定出来，然后再根据它来实施违法行为。这种观点虽然有些极端化，但这个侧面确实是存在的。于是到了战后，在反省纳粹的过程中，当然就一定要把“恶法非法”的思想加以明确。因此，实定法万能是不行的，对实定法
68 本身进行批判的自然法的思想必须得到加强，这种观点开始变得有力，而这一转向的表现之一就是目的行为论，我在内心中也很是为之所动。当时韦尔策尔已经明言与价值哲学诀别，自己的思考方法扎根于存在论，作了这样的宣言。

高桥则夫教授

在这样的背景下，虽然构成要件论的形式主义在日本一直得到尊重，但我个人却觉得这是不是有问题呢？开始抱有这一问题意识。而这最终又和包括实行行为的着手时期问题在内的实质的违法的思考方式联系在一起。而所有这些，都是读了这本书之后引发的。

2. 目的行为论和构成要件论

高桥　先生您虽然对目的行为论抱有兴趣，但您的刑法理论却与目的行为论保持了一定的距离，这是为什么呢？

西原　这个嘛，还是因为我觉得目的行为论所主张的“过
失犯不是行为”是错误的。人都是抱着某种目的而采取行 69
动的，这一观点本身值得肯定，但是说因为过失犯没有目的所以就不是行为，这就不能不让人产生疑问了。在过失犯的情况下，也还是应该认为存在某种目的性的行为，如果不将过失行为与故意行为相并列，共同作为违法行为来把握，就太奇怪了。我是这样考虑的。因此，从结论上来说，我无法采取目的行为论。但关键问题是，构成要件论的形式主义该怎样克服呢？在这一点上，我受梅茨格的违法类型说影响很大。比如，构成要件中当然应该包括规范要素、主观要素，这是当然不可欠缺的，会得出这样的结论。与此相对，所谓构成要件论者理所当然地会对此产生强烈抵抗。特别是中山研一先生主张的“规范要素、主观要素全部应该排除”，也就是说，法官进行判断所必须的要素全部应该从构成要件中排除。他提出的这个观点和我是完全对立的，不过我是无论如何也没有办法接受。其实，我和中山先生曾经约定，对包括这个问题在内的刑法体系
整体进行一次论争。比如，对中山先生的马克思主义刑法 70

学，我曾经提出过批判，把这个也包括在内，搞一次大论争。其中一个大的论题就是构成要件中是否应该包含规范要素、主观要素，当时曾经这么说过。但是这个约定，因为大学行政方面占掉了我很多时间，我的兴趣也逐渐转向了刑法以外的方面，最终没能实现。不仅对我自己来说非常遗憾，对今后继承刑法研究事业的年青一代来说，如果观点相互对立的我和中山先生的详细的体系争论能够发表出来，将是非常有参考价值的。现在想到这些，真是觉得非常抱歉。但不管怎么说，我是主张构成要件本来是具有价值的性质的，还写过这方面的论文，就是这样。

井田良教授

高桥　虽然现在已经不怎么讨论这些了，在当时行为论对构成要件论的论争中，先生您是立足于行为论，在行为论中又比较偏向于目的行为论。但结果您支持的是社会行为论。您是在相当早的阶段就支持社会行为论了吗?

西原　不是，也不是在很早的时期。在和目的行为论交锋的过程中，对于违法判断的对象，如果限定在目的性的行为就太窄了，但如果是所谓裸的行为又太宽了，必须在这两者之间设定一个范围。在此意义上，后来命名为社会行为论的观点逐渐被人提出来。但是被命名为社会行为论写入体系书，却是相当靠后的事。意思就是说，是否属于犯 71
罪的判断对象，最外面一层应该是什么呢?自然现象，还有动物的行为，这些应该排除在外，从一开始就不会成为刑罚的对象。那么，人的行为应该在多大范围内成为刑罚的对象呢?这就是问题所在。我不是构成要件论者，但我认为，构成要件这个范围本身作为违法要素是应该承认的。因为构成要件是违法类型，所有构成要件都共通的东西，不能从构成要件中排除出去。在犯罪论体系中，它应该在违法性要素之前出现。这个问题，和犯罪论体系的第一要素——行为概念的内容相关联，我是这样认为的。刚才说了，自然现象、动物的行为是不包含在行为概念之内的，对人的行为也应该按照这个标准来进行判断，这样一来，没有意思决定的可能性的行为就属于这一类。因此，纯粹的反射运动、睡眠中的行为，都不是刑罚的对象。因为这一判断是所有构成要件的共通问题，所以应该在构成要件符合性判断前面的阶段就解决掉。这是行为论的功能。因此我将“具有意思支配可能性的人的行为”作为行为的概念，作为犯罪论体系的第一要素——行为——的内容。只不过是在给它起什么名字的时候，社会行为论这个名词才出现，是这么一回事。

本来，如果要把构成要件论贯彻到底的话，我觉得还
72 是应该采取 M. E. 迈耶那样的思考方式。认为构成要件判断的对象是一片混沌的客体，是一片混沌的、没有任何秩序的客体。M. E. 迈耶把它叫做“事物”，我认为是正确的。因此我觉得，采取构成要件论的同时还采取行为论的人，在理论上是不彻底的，到今天我还是这么认为。我并不是现在要拿出这个问题来讨论，事实上，对于这个问题，我本来是想要听听各位的意见的。不管怎么说，我的刑法学研究就是从刚才说的这些开始的。

井田 是不是可以说，在“二战”刚一结束那个时间点，日本和德国的刑法学界在问题意识上就有着根本性的不同呢？在德国，纳粹以“法”作为依据实施严重的人权侵害，因为有这段历史教训，特别强调即使制定了法，“恶法”也非法，这是议会制定的法律所无法否定的。作为法，应该具有的最低限度的内容是什么？这种自然法的研究成为学界的关注重点。而在日本，形式的合法性得到强调，

用形式论来对国家刑罚权进行约束，从这种问题意识出发，构成要件论受到重视。

总之就是，在德国，对法的实质进行研究的实质违法论兴旺繁荣；在日本，强调形式性的构成要件论成为刑法的核心概念，是不是可以这样理解呢？还是说，当时在日本也有朝着实质方向的研究呢？

西原 确实，德国和日本的情况有很大的不同。比如，当 73
时日本是有《治安维持法》这样的恶法，依据《治安维持法》危害人的生命的事实也是有的，但毕竟还不是以残虐的杀人为直接内容的法律。日本在战争期间的司法，在刑法和特别法的解释上，确实有向国家主义倾斜的倾向，但和德国比起来，还没有达到必须要强调“恶法非法”那样的严重程度，我是这么认为的。

在日本，警惕行政权的肥大成为战后的主流，它是在对正当程序的高度强调中出现的，构成要件论也是随着这一潮流而来的。因此，日本和德国的情况不一样，这是很清楚的。但话虽如此，在对法律的思维方式中，仅有实定法至上主义是危险的，这是纳粹带给人类的教训，对这一点，日本也必须有所考虑，我是这样认为的。

74 二、成为硕士、博士论文选题的间接正犯

1. 从协助齐藤先生写作博士论文《共犯理论研究》产生的兴趣

高桥 接下来，想请您谈一谈硕士论文还有博士论文。作为研究主题，您选择了间接正犯，并且最终形成了《间接正犯理论》（成文堂 1962 年版）这样一部著作。为什么会选择间接正犯研究呢？

西原 这也是一些偶然因素在起作用。当时，在研究德国刑法的同时，我还在做一些把日本刑法学、日本刑法典翻译成德文的工作。此外，还以协助齐藤先生工作的形式接受先生的指导。当时，齐藤先生正在写作《共犯理论研究》（有斐阁 1954 年版）这部大作，最终得出了肯定共谋共同正犯的结论。协助这本书的写作，是我当时的一项重要工作。那时候，齐藤先生在他的研究室里为我准备了一张小桌子，在那里接受先生的指示工作。翻译一些齐藤先生用于论文材料的德文文献，这些也都做过。

到了二年级，硕士论文选什么选题渐渐成为问题了。
75 一次在和先生的谈话中，谈到了间接正犯这个话题。对犯罪进行分类，不是属于正犯，就是属于共犯，而间接正犯恰好处在正犯和共犯的交集上，于是成为课题。也就是说，

在什么情况下成为间接正犯这个视点，和为什么它没有成为共犯这个视点，肯定会发生重叠。因此，间接正犯的界限设定，其实是共犯论的背面。齐藤先生这样说。当时我想，“对啊，就是这个”，于是这就成为我硕士论文的选题。

2. 获得第一届刑法学会奖的《刑法杂志》论文——《间接正犯中的实行行为》

但是，如果只研究间接正犯的成立要件是怎样的，又没有太大意思。既然已经费了这么大的力气做德国理论史方面的研究，就把二者合在一起来做吧，齐藤先生这样指导我。于是，就以构成要件论中的间接正犯的思考方法为起点，作为其典型的 M. E. 迈耶的构成要件论中的间接正犯论，接下来是梅茨格的扩张的正犯论中的间接正犯论，实质的违法性已经有不少注入其中了，最后是目的行为论中的间接正犯论。就这样，与德国的刑法理论史相联系，在梳理间接正犯论的变迁的基础上，将焦点聚焦到间接正犯中实行行为的着手时期这个问题上。

对这个问题，其实我在作为一个初学者最开始学习刑法的时候，就无意中注意到这个问题了。当时日本的通说 76
还是以此为基础的构成要件论，认为实行行为的着手时期仅存在于利用者的行为中。也就是说，被利用者的行为属于被人利用的行为，因此属于利用者的行为，不是正犯的行为。因此，实行行为就仅限于利用者的行为。实行行为的着手就当然只存在于利用者的行为中，这种形式主义的思考方式在当时处于支配地位，获得压倒性的支持。

但是想一想，的确，间接正犯是被利用者按照利用者的目的实施犯罪这种可能性较大，因此才成为间接正犯，在类型上虽然是这样，但在实践中却并不一定都是如此。更何况间接正犯中还有各种不同的类型，如果实行行为的着手时期都以利用者着手的时间点来算，在有些情况下就太早了。实行行为的着手必须是法益侵害的危险客观化的时间点、法益侵害的危险迫切的时间点，他们自己也是这样主张的。在间接正犯的情况下，利用者开始利用行为的时间点，并不一定都达到了危险的客观化，如果承认实行行为的着手，不是存在矛盾吗？通说的立场不是将危险性的认定提早了吗？我在比较早的阶段就产生了这样的疑问。

问题在于，因为实行行为仅限于利用者的行为，所以就只能在利用行为中去找实行行为的着手，这种形式主义的思考方式本身是有问题的，应当立足于在什么时期危险
77 达到迫切的程度这种实质的视角，我是这样认为的。比如，在被利用者行为的时间点，也可以认定利用者实行的着手时期，应该采取这种立场。这一思想在重视实质的违法性的韦尔策尔的理论中也有一定的反映。在一定程度上参考

这些观点，再加上日本实务的观点也不一定都和通说是一致的，比如隔离犯的问题，结论就是：间接正犯中实行的着手时期，有些情况下是以利用者行为的时间点作为着手的时期，也有一些情况是以被利用者行为的时间点作为着手的时期。

《刑法杂志》第 12 卷第 1 号

在前面也说到过，1961 年《刑法杂志》上刊载了我的论文《间接正犯中的实行行为》(《刑法杂志》第 12 卷第 1 号，第 73 页以下)，估计是因为平野先生担任编辑委员的关系得以刊载的。这篇论文成为 1962 年首次设立的刑法学会奖的获奖作品，和田宫裕先生关于刑事诉讼法的论文一起，成为刑法学会奖的第一号获奖论文。

高桥　这个刑法学会奖持续了多少届啊？

西原　不太清楚。后来就没怎么听说了。

78 **高桥**　是什么时候没有的呢？

井田　看一下日本刑法学会编的《日本刑法学会五十年史——刑法学会·走过半个世纪的轨迹》（有斐阁 2003 年版），1971 年，町野朔教授刊载在《上智法学论集》中的《条件关系论》——确实是一篇非常棒的论文——获奖是最后一届，这本书上是这么写的。

高桥　持续了相当长一段时间呢。

井田　现在再以学会的名义对某一篇特定的论文进行表彰，可能很难了吧。

高桥　还是回到间接正犯的话题上来，被利用者行为的时间点也可以认定为是实行的着手，先生您的这一观点，在结论上和判例实务的立场非常接近。

西原　这个我也有所意识。

高桥　一方面是德国的理论，另一方面是日本的判例实务，是在二者之间保持平衡的一篇论文，我是这么认为的。

西原　我倒没有要保持平衡的意识。

高桥　这样啊。

西原 不过也确实，从新康德学派的形式论向存在论性质的实质论的比重转移，受韦尔策尔理论影响的这一面，和日本实务的意见并存，可能就是这二者的并存而已。

高桥 但是我觉得，重视判例实务的思想，这是您本来就 79
有的。

西原 这个嘛，因为间接正犯中利用者的利用行为是实行行为，所以就只能以利用者行为的时间点作为着手时期，说到底这是一种形式主义的思考方式，要以危险迫近的时间点为中心来思考，就必须突破形式主义。事实上，也正是因为这一点，中山研一先生对我这个观点提出了批判：在构成要件阶段好不容易对违法性划定了界限，因为你的这个理论，不是又把违法性的判断交给法官去左右了吗？提出了这样的批判。可以说，对待问题的两种不同的思考方式，在这里很典型地表现出来了。

稍微在我之前，但基本上是和我同一时间出版的大塚仁先生的《间接正犯研究》（有斐阁 1958 年版）采取了通说的立场。因为大塚先生是团藤理论的继承者，构成要件论的典型观点在他的这部著作中也有所体现。刑法中形式的思考与实质的思考的差异，在这里就体现出来了，我是这么认为的。我觉得，刑法中形式思考和实质思考的对立， 80
今后应该也会一直持续下去，这当然是必要的。

《间接正犯理论》

我的这种实质地看待问题的思考方式，就如前面所说，的确是受到战后德国自然法理论的复兴、对法实证主义的批判的影响，在思想上多少受到一些影响。但另一方面，也是受我的导师齐藤先生，还有齐藤先生的导师草野豹一郎先生的影响。草野先生是大审院的法官，在担任大审院法官的同时，还在早稻田作为兼职教授讲授刑法课，齐藤先生就是这样接受了他的指导。草野先生是共谋共同正犯这一领域的论者，是共同意思主体说的首创者。关于共谋共同正犯，在后面还要谈到。我看待问题的方式，和草野先生、齐藤先生一脉相承，都认为，实务中能用得上的理论，或者法院的判例中已经采取了的思考方式，刑法理论必须要对这些有所准备。有关间接正犯的观点，可以说就是这一思想最初的表现吧。在此之后，我也一直维持着这种思考方式。

3. 采取严格责任说

井田　这是我自己感兴趣的问题，想请教您一下。先生您的刑法学说，从整体来看和判例实务的立场是比较近的。但是在一个问题上有不一致，就是违法性阻却事由的错误这个问题，您是采取严格责任说的立场。 81

西原　是的。

井田　这和判例实务的见解有所不同。从日本的学说理论整体来看，您采取严格责任说，对后来的学说产生了非常大的影响，我觉得。可以说，给严格责任说的主张者带来了很大的勇气和力量。在德国，严格责任说都明显属于少数说，在日本，严格责任说能成为相当有力的观点，和您采取这个立场有很大的关系。这与其说是受德国的影响，不如说是对草野、齐藤流派这一学问传统的继承吧，是不是可以这样理解？

西原　也不能这么说。比如说，对于事实错误，齐藤先生和草野先生都是从正面主张抽象符合说的，对这一点我就没有办法继承，包括错误论整体都是如此。再比如，不能犯论中的抽象危险说，这和事实错误中的抽象符合说其实是同根的问题，对这个学说，我也没有办法支持。在考虑对这个抽象性有必要再稍微实质化一些的过程中，尤其是故意还有违法性意识在犯罪论体系中的位置，不得不说还是受到德国的影响。采取责任说的观点，又进而采取了严
82 格责任说。我对可罚性的界限的一种直观感觉，反映到理论上，就归结为对抽象符合说、抽象危险说必须再限定一些。可能是这种观点的外部表现吧，我这样认为。

井田 原来是这样。

4. 选择研究选题的方法

佐伯 您刚才讲了您选择最初的论文选题的经过。对于刚刚开始研究的青年学者来说，最初选择一个什么样的选题是非常重要的。先生您指导了那么多的弟子，在选择研究选题这方面，您是怎样进行指导的，能给我们讲一讲吗？

西原 拿我自己的情况来说，在考虑硕士论文选题的时候，比如说，把刑法的总论和分论全都一字排开，看哪一个是自己想要研究的，这种想法我是完全没有。而是像刚才说的那样，联系自己当时正在研究的内容，把手边在做的汇总整理一下，作为选题，这也是一个办法。不过，选题这件事还是因人而异。

对于研究内容和指导教授的研究没有任何联系，完全是

自己在做研究的人，比如说，硕士一年级的时候自由地想学什么就学什么，升入二年级之后，第一个学期考虑自己的研究兴趣究竟在哪里，在暑假之前确定选题，这是一条路子。 83
不过，如果研究生活和指导教授的研究有一定关联，有着特殊的问题意识的人，对这样的人来说，研究兴趣就会比较集中，也容易从中确定选题。这当然也是一条很好的路子。

我以间接正犯作为研究选题，就属于后一种情况。这样做是不是正确，自己也完全无从判断。虽然是因为齐藤先生在从事共犯理论的研究，与此相关，偶然产生的这样一个选题，但从结果来看，后来又发展到追求实质的违法论的内容，它是包含着这样广阔的内容的。这些后面也要谈到，从间接正犯出发，进而研究与其具有类似结构的原因自由行为，再进而发展到以实行行为的实态分析为核心的违法论，今天是作为结果无价值、行为无价值来讨论，这是在此之前的那个阶段。从一个具体的问题，逐渐扩展到将实质的考察予以体系化的工作，正是因为选择了间接正犯，决定了我后来的研究轨迹，这一点是确定无疑的。不过，这也不是对每个人都适用。

佐伯　高桥老师在确定硕士论文选题的时候，西原先生是怎样对您进行指导的？

高桥　因为我当时没有特别想要做的选题，（笑）硕士一年

级快结束的时候，西原先生让我拿出三个选题来。结果，我
就拿出了统一的正犯体系、预见可能性、未必的故意这三个
84 题目，每一个都写了提纲。先生看了之后说，这个选题将来
没有办法更加深入，这个选题研究室里已经有师兄做了，研
究得已经比较透了，“在我的研究室，最近没有做共犯论的
人，就这个不是挺好”，于是，就这样非常偶然地决定了。

西原 结果怎么样呢？

高桥 我觉得做这个选择很好。

井田 在恩师面前没有办法说后悔啊。（笑）

高桥 不过，研究选题的选择确实是非常重要的。

西原 很难，选题是非常难的。一方面，有意思的选题，这方面的论文就会特别多，自己的观点就很难提出来，虽然论文很快就能写成，但却不容易写出特色。另一方面，如果选的那个选题完全没有人写过论文，就会非常辛苦，但相应的，也容易写出特色。你们在指导那些年轻硕士生的时候，这也算是选题的一个价值标准吧。我想，大家在这方面也有各种各样的苦恼吧，而且选题这个事情是因人而异的。

如果可能的话，发现每个学生的思考方式、世界观、喜好，根据个人的情况确定一个适合他的选题，这是一点。再进一步说，要给学生选一个能往下继续深入拓展的选题，

尤其是对那些打算读博士的学生，打算当研究者的人，应该为他们考虑到这些。 85

高桥　还有就是，您当时也对我说过，即便开始的时候觉得选题没有意思，不管怎么着，先研究10年再说。10年之后，就可以站在比较高的角度看清这个问题的全貌。在这个过程中，可能会觉得选错了、想放弃，见异思迁，但不管怎么说，先专注这个问题研究10年。

西原　不管是什么选题，先做10年再说。

高桥　我觉得这一点是非常重要的。

西原　在这个过程中去留学也不行。

井田　这也很关键。在这方面，您和宫泽浩一先生是完全相反的。宫泽先生说，“不管怎么着，先出去留学再说”，他是这样指导我的。

佐伯　非常感谢您的宝贵意见。

三、 提携我进入学会的平野龙一先生

1. 写作“德国的醉酒犯罪”——《醉酒与刑事责任》

高桥　在此之后，您的研究从间接正犯到醉酒犯罪，再到过失交通犯罪，研究主题沿着这样的轨迹变迁，这可能和 86

您加入刑法学会有关。关于加入刑法学会的契机，您能跟我们谈一谈吗？

西原　这个是很清楚的，到今天我都记得非常清楚。1958年12月20日，东京大学的平野龙一先生突然打来电话，我记得平野先生当时在负责刑法学会运营的工作，至少是在负责《刑法杂志》，电话就是有关这方面的。那一年秋天，学会以“醉酒与刑事责任”为主题举办了研讨会，比较法研究中德国这一块当时是京都大学的宫内裕教授负责的。这个研讨会评价非常高，计划把研讨会的内容出书，请宫内先生把他负责的德国部分写成论文，但他因为身体不好之类的原因拒绝了。时间很紧，不好意思，能由你来承担吗？就是这样一个电话。

平野龙一先生

当时，我连专任讲师都不是，还只是个助教。平野先生这样的大权威亲自找到我，觉得非常荣幸。但我当时对醉酒犯罪没有一点研究，此外还有一个非常个人的原因， 87
那年9月我的大儿子出生了。当时，我和妻子两个人都在工作，还没有怎么体会过围着孩子其乐融融的家庭生活，打算在正月的时候回双方的老家，陪老人一起抱着大孙子舒舒服服地过一个正月。当时是这么打算的，所以对这个写作任务稍微有点犹豫。但平野先生主动找到我，毕竟是很难得的机会，于是很快转变了想法，请他给我3个小时的考虑时间。于是就直奔图书馆，先查资料，如果没有资料那就没有办法了。结果一查，发现早稻田的图书馆里基本上都有，唯一没有的就是里夏德的那篇……

井田 啊，里夏德·卡岑施坦因（Richard Katzenstein）的 Die Straflosigkeit der actio libera in causa。

西原 对，就是没有他在1901年出版的那篇论文——《原因自由行为的不可罚性》。这是唯一一篇对原因自由行为持否定态度的论文，很有名的，早稻田的图书馆恰好就没有。我记得庆应好像也没有。

井田 是的，应该也没有。

西原 我也是到后来才看到这篇论文。总之，就是除了那篇论文以外，必需的资料图书馆里基本上都有，于是我就

答复平野先生，“好的，我接受这项工作”。然后我就问他
88 截稿是什么时间，说是1月10日。（笑）连正月的假期都算进去，才只有20天，而且还是写第一次接触的选题的论文，不是一件容易事吧？那可真是费了很大的劲。得到夫人的理解之后，1月1日、2日两天，好歹还是抱着孩子回了双方的老家，但除此以外的时间，从早到晚都在坐着不停地写。到了1月10日，140页，注释一大列地排下来，规规矩矩的一份研究成果，交给了平野先生。

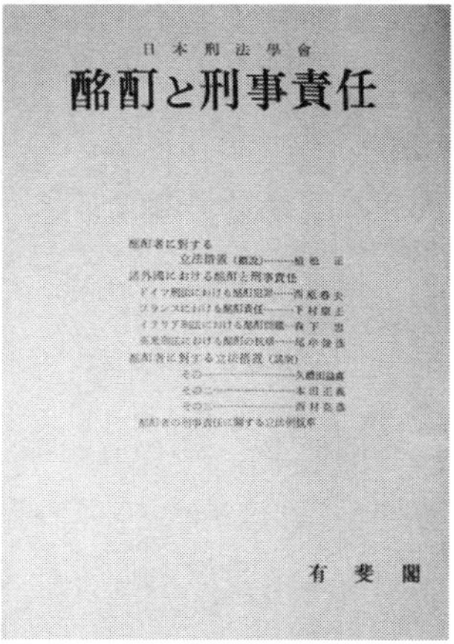

《醉酒与刑事责任》

为什么平野先生会找到我来写德国的醉酒犯罪呢？我问过平野先生，他的回答和我推测的一样，就跟大家说一下。上一次也谈到过，齐藤先生接受了翻译德国刑法修改

资料的工作，作为“齐藤工厂”拿出了很多成果，这一点被平野先生非常细致地观察到了，于是他就推测，可能西原这小子有把非常庞大的工作短时间内完成的能力吧。

1 月 10 日，我把研究成果交给平野先生的时候，因为 89
平野先生本来就属于直截了当的类型，只说了一句“嗯，
非常感谢”，就那么结束了。但仅仅 20 天的时间就完成了
这样一篇论文，估计他也是非常惊讶。而这份惊讶又发展
到下一个阶段，成为决定我一生的机遇。

1959 年，也就是完成那篇论文那年的秋天，刑法学会年会的主题是“过失与交通事故犯罪”。你们可能也注意到了，平野先生当时非常强调“从体系思考到问题思考”这种问题意识，刑法学会的研究主题也是如此，从一直以来的对犯罪论体系的研究，转变为对一些具体的、现代社会所烦恼的问题从刑事责任的观点进行分析，发生了这种方向性的转变。前一年的年会以“醉酒与刑事责任”为主题，就是一个表现。当时的日本被称为“饮酒天国”，正处于这样一个时期，那次年会的目的就是讨论如何应对这一局面。

从这个角度来看，交通犯罪是当时最热的问题之一。
对于日本的高度经济成长期是从什么时候开始的，有各种
不同的观点。我觉得还是受朝鲜战争的影响，从 1955 年开
始，日本的经济逐渐繁荣起来。从那时候开始，汽车逐渐 90

增多了。但是因为整体仍然比较贫乏，道路设施也不完备，法律也还没有怎么普及，导致交通事故激增。正是在这样一个时期，刑法学会以“过失与交通事故犯罪”作为主题开展研讨，可以说是恰逢其时。

2. 学会报告“西德的过失交通事故犯罪”——信赖原则

西原 在年会举行前的一段时间，竟然又接到平野先生的电话，说比较法研究想做德国和美国两个国家的，希望由我来报告德国的部分。我又细问了一下才知道，负责美国部分的就是后来在联合国做出很大贡献的敷田稔检察官，他在美国留过学，留学时曾经开车到过美国的很多地方，有这方面的经验。美国的部分就由这位敷田检察官报告，而负责报告德国部分的就是我。

我当时并没有去过德国，而且才刚当上专任讲师，能否胜任，自己觉得有些不知所措。但能让我做这个报告是一件非常光荣的事，就接受了。在阅读德国文献的过程中，发现“二战”前德国的判例中就产生了“信赖原则”，并逐渐得到发展。虽然恰巧是在纳粹时代产生的理论，但是因为和纳粹思想没有任何关系，直到今天都得到德国联邦
91 法院的支持。于是，我就以信赖原则为中心做了这次报告。

当时虽然没有去过德国，但德国的交通情况和日本是

非常不一样的。从目前日本的法律制度和交通设施的完备程度来看，在日本还远远不能采取信赖原则，还为时尚早，我在报告中提出了这一观点。

这次年会报告，被称为是第一次在日本介绍德国的信赖原则。20 世纪 60 年代后半期，日本最高法院正面肯定了信赖原则，自此以后，信赖原则一举成为理论界和实务界关注的对象。大约有 10 年的时间，我都被作为信赖原则方面的专家备受重视。对我自己而言，也不仅限于交通事故，对于一般过失论，也开始以当时井上正治先生提起的问题意识为主要参考，开始过失论的研究。而这一切的契机，正是来自平野教授的那两项委托。

3. 人生的微妙

西原　在这里稍微梳理一下。刚才讲的这一连串的经历，都起因于 1958 年 12 月 20 日的那个电话。与此相关，我作
为各位人生的老前辈、学会的老前辈，有三点想要跟本书 92
的读者讲一讲。

第一点，这在前一次也说过，我觉得，人生，越重大的事越是偶然决定，我是持这个观点的。举一个例子，比如我在读高等学校的时候为什么会选择学德语，就是因为偶然大喊了一声“文乙”，就是这样一个瞬间，决定了我的一生。在学术的世界里也有相似的事情，就是平野先生

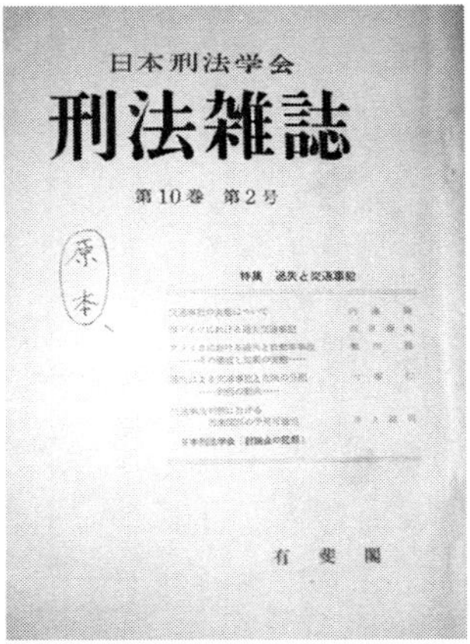

刊载论文《西德的过失交通犯罪》的《刑法杂志》(第 10 卷第 2 号)

的电话。如果 1958 年秋年会的报告人宫内先生接受了执笔任务，我也就不会研究醉酒犯罪，进而也就不会研究过失犯和信赖原则。自此以后，我作为刑法研究者的方向和状态都会有很大的不同。就这样，正好宫内教授身体不适，正好平野先生想到了我，就是这些事实，近乎必然地引起了这样一个发展过程。不管怎么说，“偶然极大地左右了人的一生”，这就是一个例子。这是我想说的第一点。

93 第二点，这是我活了 87 岁所感悟到的。我见过各种各样的人，有的人能够分清楚这是决定自己一生的非常重要的事情，有的人没有这样的能力，分不清楚。没有这样的能力的人，从外界看来，就会认为他“错过了不该错过的机会”，就这样不经意地把机会错过了。也就是说，在他所处的位置，明明可以发挥自己的能力，却把机会白白错失了。我的观点是，不应该把“要出人头地”本身作为目标，现在我说的，也不是不能错过出人头地的机会。不是要主动去出人头地，而是要把自己所具有的能力，从父母那里、祖先那里继承下来的能力，与生俱来的能力，最大限度地发挥出来，为世人做一点贡献，这才是真正重要的。

因此，从这个观点来看，当决定自己生涯的重要事情来临的时候，即使夜里不睡觉也要把工作完成。这是上天安排下来的任务，是上天的指示，应该这样来接受。这方面的例子，我接下来还会给大家介绍。

第三点，毫无疑问，平野先生扮演了使我的能力得到发挥的角色。比如，现在你们三位都是刑法学会的中枢，处于提携栽培年轻人的立场。也就是说，要为年轻人创造条件，使其能力得以发挥，处在这样的位置上。当然，接不接受，取决于对方的能力和意愿。但把这个条件创造出来，毕竟是前人的 94
工作。我就是把平野先生的贡献作为一个例子讲给大家听。

4．在学会要靠自己去开拓

佐伯　（一边看《日本刑法学会五十年史》）平野先生当时是刑法学会的理事。

西原　负责杂志的。

佐伯 这一段我有点不明白。年会的共同研究委托给哪位学者来承担，应该是经过常务理事会讨论的，齐藤先生当然应该也参与了才对。

西原 平野先生并没有做理事长助理什么的。

佐伯 这本《日本刑法学会五十年史》没有提到这些。

井田 当时的理事长是谁？

佐伯 是木村龟二先生。

西原 理事长助理这个词是没有的。

佐伯 《日本刑法学会五十年史》里是没有写。常务理事是植松、齐藤、团藤、日冲几位先生。

95 **井田** 这样啊，齐藤先生也在担任常务理事啊！

高桥 有没有可能是齐藤金作先生推动的呢？比如说，是齐藤金作先生推荐的。

佐伯 推荐西原先生作为共同研究的承担者。

井田 从当时齐藤金作先生是常务理事这一点来看，似乎齐藤先生说“让我那里的西原”……

西原 没有。在这一点上齐藤先生是非常彻底的。比如，在年会的总会上，把我引荐给其他先生，像这样的事一次也没有过。我估计大概是因为，齐藤先生认为学会应该是自己去开拓的地方，这个想法他非常彻底地坚持。先生平时在私下里对我是很亲切的，但一到了学会，就把我甩开很远。

因为他是坚持这个观点的，所以在学会应该也不会说“让西原怎么样”这样的话。因此，我估计还是负责学会运营的平野先生。在某种意义上，这对你们来说也是很重要的事情。比如说，在学会的场合向别人介绍自己门下的学生，这种做法是不对的。学会就应该是一个人去开拓的地方。

高桥　对年轻人来说需要很大的勇气啊！

西原　开始的时候确实是受到冷遇，无所适从。我第一次参加年会的时候，泷川幸辰先生在担任理事长，周围是木村龟二、佐伯千仞、团藤重光、齐藤金作，接下来才是平
野龙一、平场安治，再然后是大塚仁、福田平、高田卓而、 96
吉川经夫、森下忠，全是这些大名鼎鼎的先生们。全都是我不认识的人，听着他们讨论问题，我是怎样一种感觉呢，抱着憧憬的心情远远地望着，无所适从地。没有办法，只有跟在上一回讲到的下村先生后面，一点点、一点点地慢慢扩大朋友圈。比如说，第一次参加学会的时候，森下先生因为什么事主动跟我说话，对我非常亲切，当时觉得特别高兴。就是这样，学会就该是自己去开拓。凭借自己的力量，靠自己去取得各位先生的认可，我觉得是这样的。

井田　先生您获得学会奖的论文《间接正犯中的实行行

为》，本来也是在学会单独报告过的吗？

西原 不是。没有单独报告，《刑法杂志》上刊载的论文，是学会奖评奖的对象。

井田 当时，会员可以写论文向《刑法杂志》投稿吗？

西原 是怎么着来着，我有些记不清了。

高桥 不是约稿请您写的吧？

西原 不是约稿，是将我已经写好的论文登载在上面。

97 **高桥** 当时应该是投稿制的吧？

西原 是拜托了平野先生，还是齐藤先生帮我推荐的，已经记不清了。从时间上来看，1959 年的《德国刑法上的醉酒犯罪》、1960 年的《西德的过失交通犯罪》、1961 年的《间接正犯中的实行行为》，是这样一个顺序。

井田 1961 年啊。如果像现在这样，有青年学者的单独报告，大家就会说“哦，西原这个青年研究者还真是不错……”当时还没有吧。

西原 嗯，没有。

井田 这样说来，您在刑法学会初次亮相是关于醉酒犯罪的那篇论文。在年会上报告《西德的过失交通犯罪》，是第一次登上学会的讲坛。

西原　是的。

高桥　在学会里跟您同期的，是东京大学的藤木英雄先生和庆应义塾大学的宫泽先生吧？

西原　差不多是同期。

高桥　和他们也是从一开始就处得比较好吗？

西原　也没有，毕竟还是不同时期的。宫泽先生比我晚两
年，但是因为有早稻田和庆应这层关系，从比较早的时候 98
就开始交流了，我记得。藤木先生比宫泽先生更晚一些。

井田　但从当时回答提问的记录来看，藤木先生一下子就站出来发言，非常活跃。在当时真是很不得了。还有那么多权威泰斗在场呢……

西原　的确，藤木先生虽然年轻，却若无其事地像蝴蝶一样飞来飞去，我们这些人都惊愕地远远看着。不过，过了一段时间之后就非常熟悉亲近了。

四、从间接正犯到原因自由行为

1. “德国的醉酒犯罪”这一偶然契机

高桥　此后，作为西原先生的代表性理论，必然要登场的就是原因自由行为的法理。从间接正犯到原因自由行为，是怎样一个过渡的过程，想请您给我们讲一讲。

西原 一方面，间接正犯是利用者和被利用者的行为构成的犯罪。另一方面，在原因自由行为的情况下，虽然原因设定行为和结果行为是同一个人，在这一点上二者有所不同，但都是两个行为合成的犯罪，在构造上是非常相似的。因此，本来呢，研究间接正犯的实行着手时期的问题，原因自由行为中实行的着手时期当然也是一个问题，
99 但在研究间接正犯的时候，我还没有想到这一步。但后来，完全是通过其他的途径，我开始了原因自由行为的研究。

其中一个，就是前面说过的，平野先生委托我写的《德国刑法上的醉酒犯罪》的报告。说到德国的醉酒犯罪，可以分为两条大的主线：一个是作为原因自由行为，在泥醉状态下侵害他人利益，是否具有责任能力的问题，这是当然要讨论的。还有一个就是《德国刑法典》中有关醉酒犯罪的独立规定，第330条a（完全醉酒），在日本没有类似的规定。那篇报告就是围绕这两条主线展开。以此为契机，我开始了对原因自由行为的研究。

2.《修改刑法准备草案》和论文《责任能力的存在时期》

西原 还有一个，从外部来看，研究原因自由行为的外部契机是《修改刑法准备草案》中的第16条。

《修改刑法准备草案的综合研究》

战后的刑法修改事业在后面还要谈到。最初公布的草案是1960年3月的《修改刑法准备草案（未定稿）》。在这之后，一边参考对其的批判一边修改，1960年12月20日公布了《修改刑法准备草案》，其中的第16条是关于原 100
因自由行为的专门规定。针对这个准备草案，《法律时报》出了一本很厚的特集——《修改刑法准备草案的综合研究》（《法律时报》第365号临时增刊）。紧接着，日本刑法学会又以大会共同研究的成果为基础，以《修改刑法准备草案》（有斐阁1961年版）为题出版了单行本。在这两本书中，都是由我对第16条进行解说，估计是因为这个主题在我之前研究的延长线上，所以分配给我来写。

和间接正犯一样，对原因自由行为，通说也是认为，实行的着手时期当然应该认定为具有责任能力的原因设定行为的时间点，采取这一主张。对此，我也产生了和研究间接正犯那时候同样的疑问，感觉通说对实行的着手时期认定得过早。在对这个问题的方方面面进行深入思考的过程中，正好赶上佐伯千仞先生的还历祝贺文集要出了。佐伯先生本来就认为，对“责任能力与实行行为的同时存在原则”应当弹性地来掌握，采取这种观点。我就以基本支
101 持佐伯先生的观点、再稍微补充一点论据支持的形式，写了一篇论文《责任能力的存在时期》[《犯罪与刑罚》(上)，有斐阁1968年版，第404页以下]，收录在佐伯先生的还历论文集中。

这篇文章的要旨是，在原因自由行为的情况下，只要原因设定行为和结果行为是由一个意思统一起来的，就可以作为一个行为来把握。在此基础上，即使实施原因行为时没有责任能力，只要这个行为在发展中具有责任能力，在这个行为的发展阶段产生具体的危险的时间点，就可以认定实行的着手。也就是说，实行的着手时期不应仅限于所谓的原因设定行为的时点，我在间接正犯论领域得出的结论，对原因自由行为也同样适用，发表了这样一篇论文。

这一观点当然引起了各方的批判，尤其是团藤重光先生从正面对我的这个观点提出批判。正好团藤先生的古稀

祝贺论文集在策划中，趁着这个机会，写了对他的批判进行反驳的论文——《再论原因自由行为》[《团藤重光博士古稀祝贺论文集》（第三卷），有斐阁 1984 年版，第 29 页以下]，收录在这部论文集中。渐渐地，我的这种观点在实务界的影响也逐渐扩大。在此过程中，将间接正犯论和原因自由行为论一体来把握，作为我的实行行为论的一个组成部分逐渐成型，也正是在这一时期。过程就是这样的。

高桥　在这个问题上，也是因为一件非常偶然的事情，让 102
间接正犯论和原因自由行为论巧妙地得到融合。

西原　因为偶然把二者联系在一起，就是这样一回事。

高桥　我理解，您这一理论的基础是以行为论、实行行为论来构成犯罪论的核心。最近，间接正犯中的被利用者说、原因自由行为中的结果行为说已经成为了通说。

西原　持这种观点的在学会中也比较多吧。至少认为仅限于原因行为的时点的观点已经没有人主张了吧？

高桥　我认为可以这样说。

五、　对共谋共同正犯的兴趣

1. 草野—齐藤—西原：学术传承的分量

高桥　从时间上来看，在您连续发表关于原因自由行为的

论文之前的阶段，您留学过程中，在《现代的共犯理论：齐藤金作博士还历祝贺》（有斐阁 1964 年版）一书中撰写
103 了《共同正犯中犯罪的实行》这篇论文，其内容让学界倍感惊讶。为什么这么说呢，因为是在留学过程中，写德国的共同正犯论应该是比较通常的做法，但您却从正面对是否承认共谋共同正犯这个问题展开讨论，这本身就令人惊讶。

西原 关于这个问题，首先必须对当时学界的情况作一下介绍。从正面肯定共谋共同正犯的，大约只有四五个人，草野先生、齐藤先生，然后还有小泉英一、植松正、竹田直平几位先生，就这几位，仅此而已。其他大多数学者都是压倒性地持否定说，而且肯定共谋共同正犯成为非常激烈的攻击对象。比如，木村龟二先生以《刑法中思维的危机》为题，对承认共谋共同正犯这一思考方式本身予以严厉批判，当时就是这样一种情况。

在此背景下，我作为草野先生、齐藤先生这一门派，或者说这一学术传统的继承人，对共谋共同正犯应该采取怎样的立场，当时着实为此苦恼不已。在今天看来完全无法想象的压倒性的并且极其强大的反对论中，是否还能对肯定说表示支持，真的是十分苦恼。而恰恰就在这个时候，齐藤先生迎来了还历之年，以“现代的共犯理论”为题征

集论文，编祝贺论文集。

当时我还没有确立自己的学说，开始的时候，打算避
开对共谋共同正犯的分析，介绍一下德国的判例中也有一
些这方面的例子就完了，仅停留在对德国的介绍。但齐藤
研究室的大师兄高桥太郎法官，他当时正好也在德国，严 104
厉地批评了我，说我作为草野、齐藤的直系弟子，对共谋
共同正犯是从正面肯定也好，否定也好，必须对自己的立
场有一个决断。如果要否定的话也可以，但不把自己的立
场亮明，就是逃避。的确如他所说，于是我就对文章进行
了修改。

2. 苦心写就的《共同正犯中犯罪的实行》

在这篇论文里，我提出了这样一个问题。因为对共谋共同正犯的批判性意见占压倒性多数，对否定说提出反驳的观点基本上没有。草野先生也是，齐藤先生也是，只是提出自己的学说，没有对反对意见进行反驳。作为通说的共谋共同正犯否定论的最主要论据是，共谋共同正犯违反刑法上的个人责任原则。但通说也只是这么说而已，对于个人责任原理的内容是什么，没有深入进行分析。于是我就想，从对个人责任原理的分析开始入手。也就是说，根据对个人责任是什么的理解，如果共谋共同正犯肯定论是立足于个人责任原理展开的理论，那么，对它的那些批判

就都不能适用了。

反过来，通说也不是仅对自己实际实施的行为肯定存
105 在责任。两个人共同实施抢劫，一个人负责实施暴力胁迫，另一个人负责夺取财物，对于这种情况，通说也认为，只要符合抢劫的构成要件，就肯定成立共同正犯。实际上，这也不是仅对自己实施的行为承担责任。因此，分担他人行为的责任，或者对自己的行为和他人的行为合在一起构成的抢劫行为共同承担责任，对这一类的理论，是没有办法不采取的。这能说是个人责任原理吗？必须从这个问题的分析开始。就这样，我开始了这篇论文的写作。

最后，我的观点是，通说也不是把个人责任原理作为一个纯粹的东西贯彻到底，这样的话，就是允许扩张到多大程度的问题了。这个允许扩张的程度，如果限定在形式上符合构成要件的行为，也不一定就是不行。但还是应该设定一个客观的标准，即对某一犯罪的实现起到了重要作用，如果认为对此个人是承担了责任的，那么，违反个人责任原理的批判对它就不适用了。立足于这一观点，我表明了肯定共谋共同正犯的立场，这篇论文收录在齐藤先生的祝贺论文集中。时至今日，我依然认为这个观点是正确的，当时受到的批判虽然很多，但渐渐地这种观点也变得具有说服力了，我是这么看的。而导致这一转变的契机，就是给齐藤还历文集的这篇投稿。

高桥　作为我的硕士论文选题，我在研究共犯论的时候也 106
学习过这篇论文，在写论文的手法上学到了很多。不是仅从外部进行批判，而是把潜藏在通说里面的东西挖出来，这种写作手法真的很了不起。

西原　反过来，深入到通说里面。本来应该进行内在的批判，但是因为大家都这么说，所以就怠于分析了，把这个大家怠于分析的问题点从外部“啪”的一声摆出来，这就是那篇论文的写作手法。要不要和压倒性的通说对抗、肯定共谋共同正犯？我觉得，可能正是因为我对这个问题的苦恼特别深，所以才会产生这个特殊的着眼点。因此，我绝不是因为这是草野、齐藤，是我的师爷、师父的学说，所以才赞同，是我作为一个个体，作为一个学者觉得，对共谋共同正犯那样解释确实是有问题的。对这个问题，我觉得应该交给判例来掌握，但作为理论本身，通说压倒性的批判对它是不能适用的，我最终得出了这样的确信。

3. 最近判例的问题点

高桥　在此之后，肯定说渐渐地增多了，但最近最高法院的斯瓦特案（最决平成 15・5・1，《刑集》第 57 卷第 5 号，第 507 页）是怎么考虑的呢？您在《刑事法杂志》(2006 年第 3 号，第 54 页以下）用了“值得引起忧虑”，给予了严厉批判。

107　**西原**　我认为这是一个很大的问题。的确，判决、决定这种东西只是对个别案件的判断，但判例对同种案件都是适用的。因此，判例的原理原则意义是非常重大的，判例的原理原则如果有独行的危险，必须严肃地对其进行考察。从这一观点出发，从1997年开始相继发生的与持有枪支相关的暴力团的一系列案件，以及最高法院针对其作出的一系列决定，都将“共谋”的认定标准扩大了，作为其结果，将共谋共同正犯的成立范围扩大了。即使从我的观点来看，也不得不说，这一系列的判例明显超出了共谋共同正犯的成立范围。

正如我在那篇论文的开头所写到的，连像我这样，不惜与压倒性的通说相对抗，对判例对于共谋共同正犯的立场表示肯定的人，都对这次的判例无法认同。我把这个态度放在文章最前面，后面又阐述了我的反对意见。我觉得，这个问题今后还会继续成为讨论的对象。

高桥　首先，共谋的概念是必须要明确的。

井田　是这样的。

西原　关于共谋的概念，的确，练马案判决（最大判昭和33·5·28，《刑集》第12卷第8号，第1718页）在相当长时间都提供了一个判断标准。但练马案判决毕竟因为受该案件本身所限，作为判断标准是无法网罗各种情况的。

当然，判例对共谋的成立条件和判断标准在一定程度上予以客观化，在这方面功绩甚大。从这一点来看，这一系列的判例首先在认定标准上就脱离了客观要件，这就很成问题。但是不是这一系列的判例都不当地肯定了共谋共同正 108
犯的成立呢？也并非如此。在这一系列的判例中，在时间上最早作出的是 2003 年 5 月 1 日关于山健组组长的决定，肯定组长构成共谋共同正犯，我觉得这个决定本身是值得肯定的。在这个案件中，斯瓦特这个持有枪支、保护组长的保镖组织是现实存在的，以组长为首，暴力团的成员对此都是存在认识的，是这样一个案例。

如果让我来说，我认为，把这种情况作为客观要件，作为共谋的认定标准予以一般化，这个案件就可以和练马案判决相并列，成为有关共谋共同正犯成立范围的一个了不起的判例。

但是最高法院的这个决定，作为一般性的标准，却仅集中在“与持有枪支者之间存在意思联络”这个主观要件上。把意思联络单纯地予以一般化的话，即使在没有斯瓦特这样的组织的情况下，只要对部下持有枪支具有预见可能性就认定存在共谋，就会这样一般化了。我的论文已经对此提出了批判。最高法院作出的第二个决定（2005 年 11 月 29 日），尽管没有斯瓦特那样固定的组织，但还是肯定了存在共谋。

在这些判决的背后，因为出问题的是暴力团组织，承担戒备任务的部下持有枪支，这是理所当然的，实际情况就是如此。因此，即使对具体情况并不知晓，也可以肯定存在预见可能性。但如果说这是共谋，我认为，就有点过了。

而且，持有枪支本来就是一种形式犯，或者说是举动
109 犯。因此，本来就应该仅限于实际持有枪支的人。但是，对持有的枪支进行保管这种情况，比如说，老板下了命令，部下把枪支集中起来放在事务所里保管，老板对此也知道，在这种情况下，即使老板自己没有实际把枪支拿在手里，也可以肯定成立共谋共同正犯。前面所说的这种情况，和没有明确地存在斯瓦特这样的组织这种情况，二者相比较，最高法院明显将共谋共同正犯的成立范围扩大了，我持这种观点。我本来都想说不再采取共谋共同正犯这个概念了，但这话到底还是不能说。

佐伯 德国对共谋共同正犯基本是持否定态度的，但与之相对，在日本，传统上是肯定共谋共同正犯的。先生，您认为造成这个差别的根源在哪里呢?

西原 比如说，在银行抢劫这种情况下，抢东西的行为、威胁银行职员的行为，这样的行为谁都是可以做的，都是一些微不足道的行为。这和伪造货币罪中具体地实施伪造

作业的行为是一个意思。因此，在银行抢劫这样大型的、有组织的行动中，只认为实施了形式上符合构成要件的行为的人构成共同正犯，而对整个犯罪进行了计划、指挥的领导者构成教唆犯、从犯，这种观点我是无论如何也不能同意的。这个问题在我心里一直没有办法放下，总在想大家对这个问题是怎么看的。

佐伯　先生您将日本刑法的很多理论介绍到德国，您向德 110
国学者介绍日本的共谋共同正犯的时候，德国方面的反应是怎样的呢？

西原　这个我也不太清楚。这方面我曾经打算要做调查研究，最后也没有做。但德国对于共同正犯，本来就不是那种形式主义的。

井田　是的，相比之下，我觉得，应该算是主观说或者对主观要素相当重视的折中说。

西原　相比德国，日本过去更形式主义。

佐伯　但是，在认定幕后的人作为共同正犯这个问题上，是不是比日本认定得更窄，实际情况是怎样的呢？

高桥　如果是主观说的话，那就应该更宽了。

井田　对德国和日本的判例进行比较，成立共同正犯的范围，其主观要件、客观要件具体有何种程度的不同，研究到这种程度的，恕我孤陋寡闻，还没有听说。真的要研究的话，可能是要深入到这种程度。但在德国，即使不在现场，对不在现场的幕后的人肯定成立共同正犯的观点也当然是存在的。

西原　认定构成了？

井田　是的，认定构成了。

111 **佐伯**　是判例吗？

西原　是判例。

佐伯　是构成共同正犯吗？

井田　当然，是作为共同正犯。

佐伯　不是作为间接正犯吗？

井田　像罗克辛那样，认为背后的人至少必须和现场通过无线通话器实时相连，否则就不能构成共同正犯，但还有构成间接正犯的可能性，这种观点应该是少数说。

西原　包括的行为支配的观点。

井田　是的。判例和通说都以肯定行为支配的观点来对幕后的人进行处罚。

高桥　起组织作用的人是不是也要被认定为间接正犯了？

井田　一定要是真正起组织作用的人。被非常强有力地组织起来，比如操纵国家机构去实施犯罪，支配者实现权力犯罪的那种案件，是构成间接正犯的。

高桥　不管怎么说，在判例实务和先生您的理论相融合这一点上，方向是一致的。与此相对，一直以来的通说的观点完全是形式主义的思考方式，而判例和先生您的观点是实质的思考方式，方向性是同一的……

西原　正因为这样，我才对判例与我的主张相背感到非常 112
遗憾。

六、 对过失犯论的兴趣

1. 信赖原则研究此后的发展

高桥　接下来，其实刚才也谈到过这个话题，先生您所主张的信赖原则被最高法院采用了。就请您把有关过失犯的内容在这里一块都谈了吧。

西原　在战后日本，过失犯成为刑法上非常引人注目的研究热点，尤其是在经济高速发展的过程中，过失犯在现实社会中呈现出复杂的样态，对过失的认定标准进行分析变得非常有必要，这是原因之所在。特别是从交通事故出发，到比如大规模建设工程、大型设施的火灾，再比如医疗行为，在这些领域，对过失认定标准予以明确化的必要性和监督责任的认定绞在一起，逐渐扩大，我认为，这种情况的出现是主要原因。

在此过程中，把故意、过失作为责任的问题来考虑，这是战前以来日本的通说。与之相对，“作为违法行为的过失行为”这种观点开始逐渐有力。我认为，这是对当时社
113 会生活的激烈变化的反映。但不管怎么说，在过失犯领域扮演开拓性角色的是井上正治教授的《过失犯的构造》（有斐阁 1958 年版）。井上先生指出，并非一直以来所说的那样，只是责任的不同，在具有过错的态度方面就有问题。这个观点对我产生非常大的影响。正如前面所讲，我得到介绍德国的过失交通犯罪的机会，就是在这一时期。

作者和大众车

前面也说到过，我在刑法学会年会报告的时候，提出
虽然德国采用信赖原则，但是在日本还没法采用，发表了
这样的观点。在现实生活中，学会报告之后过了 3 年，
1962 年，我到德国去留学了两年，买了辆二手大众车，在
西德跑了很多地方，确信了在日本适用信赖原则为时尚早，
我在学会发表的这个观点是没错的。也就是说，在德国， 114
交通规则遵守得非常好。而且，交通秩序也非常井然有序，
特别是谁优先、谁非优先是非常清楚的。在此基础上，道
路设施也十分齐备，道路标识也十分完备。在这样一种状
况下，德国已经具备了适用信赖原则的基础，这一点得到
了确认。而反观日本，还远远没有达到这一步。因此，我
的观点是正确的，当时我这样认为。

但结束两年的留学，回国一看，着实让我吃了一惊。比如，出发去德国的时候，因为当时还没有成田机场，是从羽田出发的，汽车开在大田区杂乱无章的狭窄小路上，是这样去的。而 1964 年回国的时候，高速公路竟然都建成了，从羽田到新宿是走高速公路一路飞驰回来的。除此以外，道路环境也有显著改善。为什么会发生这种变化呢？正好在我回国那一年秋天，东京举办了奥运会，各方面都要实现国际化。《道路交通法》也修订了，道路标识也由一直以来的日本风格的道路标识统一为国际的道路标识，设置场所也采用国际标准。此外，还设置了人行横道、护

栏，虽然和现在相比当时还不够完善，但设置了护栏之后，行人突然跑到马路上来的可能性就逐渐减少了。就这样，我一边感受着这两年来发生的巨大变化，一边思考，从信
115 赖原则的角度来看，信赖其他交通参与人会采取适当的行动，这种信赖具有相当性的情况，可以说是在增加。在这个增加的限度内，发生了可以适用信赖原则的环境变化，应该作出这样的判断。于是，在回国后的第二年……

井田　您是1964年回来的，1966年您在*Jurist*发表了判例研究。

西原　这样说就是在我回国的两年后。回来两年之后，在*Jurist*上发表了一篇判例的综合研究——《判例所体现的信赖原则》。

当然啦，在当时，信赖原则什么的法院根本就不承认，知道的人都不多。但如果在日本适用信赖原则的话，就应该把可以理解为实质上适用了信赖原则的无罪判决挑选出来，向世人表明，可以说实质上已经采取信赖原则的判例已经积累了这么多了。在1966年的时候，我就写了这样一篇论文。

这样做的目的是什么呢？现在的年轻人应该都想象不到了。法院的过失认定，从战前延续下来的传统是非常严厉的。尤其是在发生了危害后果的情况下，从来都是认为

错在加害者，就是这样一种思考方式。汽车不是可以认为是一种凶器吗？因此，操作凶器的人引起了事故，除非有相当特殊的理由，否则就都认定有过失，这是一般的、传 116
统的观点。遵从这个观点的法官很多，或者说是一种通常的做法。

这时候，就如前面所说，随着交通环境逐渐得到改善，对那些可以适用信赖原则的案件，有的法官还是让加害者承担责任，判有罪。但也有些法官观念更进步一些，认为这种情况下应该判无罪，也就是说，应该认定不存在过失，这样一来，过失认定在全国就出现了不平衡。正因为如此，针对这种情况，需要用信赖原则的观点来进行统一，我写了这样一篇论文。然后，就在这一年，对这一观点，最高法院明确提出，过失认定应当顺应新的情况和环境的变化，特意作出了从正面采取信赖原则的判例（最判昭和 41 · 12 · 20，《刑集》第 20 卷第 10 号，第 1212 页）。有这样一个过程。

我当时去调查官那里问过，最高法院并没有以我的论文作为基础。对我的这篇论文是知道的，但是并没有以此作为基础。但总而言之，调查官也和我一样，认为有必要对法院的过失认定进行统一。作为统一的原理，可以用信赖原则来统一，因此，特意把信赖原则提出来。调查官是这样说的。

但是，对社会上的人自不必说，即使对法律家，大部
117 分人也不知道信赖原则是什么。但是，既然最高法院承认了，其认定标准是什么，对检察官、律师，还有负责过失认定的最开始的搜查阶段的警察来说，都是一个非常重要的问题。律师界非常高兴，得到了争取无罪的有力武器。与之相对，警察和检察官很是不满。这样一来，从双方的立场出发，对信赖原则究竟是什么，是怎样的一个原则，忽然引起了各方关心。其结果就是，当然，对信赖原则进行解说的也不是我一个人，但作为最初介绍这个理论的人，在各种场合备受赞扬。于是，我对一直以来辛苦收集起来的德国判例、日本判例进行整理，以此为中心写了一本书，1969 年，在大学纷争最激烈的时候，《交通事故与信赖原则》这本书由成文堂出版了。这本书销量非常高，这种情形持续了有一段时间。

2. 繁忙时期研究活动的秘诀

西原　可能有些偏离主题了，现在还在担任行政职务，因为事务繁忙没法参加学会活动，没法开展研究活动，为此而烦恼的人应该很多吧。我以前也是这样，当校长的时候，连一点搞研究的空余时间都没有。但是，在此之前担任法学部长的时期，还有更早以前担任教务主任的时期，一直都没有停过笔。而且，正是因为在那么忙的时候，才能写

出书来。

是怎样一种方法呢？我所经历过的糟糕事态在今后的 118
日本可能不会再发生了，但是因为这个方法很管用，给大家介绍一下。简言之，就是利用好暑假和寒假，这一点非常重要。平时因为非常忙，连一行字都写不了，欲求不满就积累起来。要让这种欲求不满得到爆发，必须有计划地保证一段时间，这非常重要。比如说，暑假是从几月几号开始到几月几号结束，在这期间，比如说 20 天左右的时间，确保一定不要有其他事情插进来。从半年前就开始，保证那段时间不要安排任何事情。还有就是，如果有可能的话，让出版社提供经费，“闭关”在山里写。这样一来，一天下来，200 字的稿纸最少能写三四十张。我到现在还能这么写。现在都是用电脑了，一天能写 8 万字。如果不这样的话，就对不起提供住宿费的出版社了。为了集中写作，必须做好相应的准备，决定了写什么之后，提前几个月就开始准备这方面的文献了。把这些文献装在纸箱子里，一箱、两箱，堆在车里，到了宾馆之后，从早到晚都在写。也没有必要从早到晚一刻不停地都在写。夏天去凉快的地方，比如松本的美原、赤仓，去这些凉快的地方的宾馆。冬天去滑雪场。预定好滑雪场附近的宾馆，住下之后，从早上就全力开始写，从上午 9 点到 12 点，3 个小时的时间，可以充分利用。中午吃过午饭，扛着滑雪板去滑雪场，一

119 个人去，滑两个小时，因为每天都滑，也足够了。

然后呢，你们想象一下，从下午 2 点到 4 点，尽情地滑完雪回来，在大家都还没有从滑雪场回来之前，先到水还很干净的浴池里慢悠悠地泡，距离吃晚饭还有一个小时的时间。中间有一段吃晚饭的时间，一直写到深夜。这样的话，即使查文献占掉一些时间，每天还是能保证写三四十页。这样一来，你们算一算，10 天就是 300 页到 400 页，20 天就是 600 页到 800 页。一本薄的书，一个夏天加一个冬天就能写完。如果是厚的书，两个夏天、两个冬天也绝对能写出来了。就是这样写出来的。

《交通事故与信赖原则》

写《交通事故与信赖原则》是在 1969 年，大学纷争最激烈的那一年。东京大学的安田讲堂事件是在 1969 年 1

月，那是东京大学的大学纷争的最高潮，而全国是以那一年6月的大学立法为最高潮。从1968年到1970年这两年间，1969年正好是最激烈时期。前面也说过，正好在这两年，我在担任法学部主管学生工作的教务主任。

当时我都在想，会不会发生革命啊，当时都已经乱到这种程度了，而我就在大学的骚乱中每一天豁出命去，拼 120
死拼活。因为反对大学立法，6月，校舍竟然都被过激派学生占据了。法学部长室、教务主任室、办公室都被占据了。当然，在当时出动机动队解除占据也不是不可以，但是马上就要进入暑假了。因此，出动机动队解除占据，还是等到9月份重新开始上课的时候再说。这样一来，7月、8月突然完全空出来了。

井田　当时，大学就那么被占据着啊？

西原　就那么占据着。就在被占据的状态下，学生、老师都放了暑假。在这段时间，因为我在信赖原则方面一直以来已经有了相当多的积累，将最后的部分用20天的时间写完，在那年的11月出版了。确实，在我的人生中最激烈动荡的大学纷争最盛期，一边担任着应对大学纷争的职务，一边还能写出这本书，原因也就在于此。

总而言之，即使对研究者来说，通常而言，写论文还是觉得苦的。但是如果没法写，又会欲求不满，浑身不自在。尤其在当时，欲求不满就像岩浆一样，马上就要爆发，膨胀得都要溢出来了。这时候，当让这种欲求不满得到爆发的条件具备了的时候，那可真是从早写到晚，越写越觉得高兴得不得了。这就是为什么在大学纷争的最盛期能够写成那本书，给大家介绍一下。

121 **高桥** 在这本书的校对阶段，齐藤先生去世了。

佐伯 在书的前言里是这样写的。

西原 对，去世了。1969 年这一年，正好是我的本厄之年。早稻田的大学纷争最盛期的那三年，正好是我的前厄、本厄、后厄，完全对应上了。也不知是不是这个原因，从我个人来说，虽然是厄年，但针对我个人却没有发生什么灾祸。可能厄运是以这种形式降下来的也说不定，很偶然地。这一年齐藤先生也去世了。但另一方面，那时又诞生了这个成果。因此，不幸转为幸运也是上天的指示，这也可以算是一个例子吧。

井田 这本书出来后，拿在手里的时候高兴吧？

西原 那当然是高兴的。怎么说呢，时代的宠儿，就是那样一种感觉。而且，因为是和我此前的风格完全不同的作品，非常地高兴。真的是很感谢成文堂。

井田 专门的研究书，但居然重印了 8 次。

高桥　这可真是前所未有啊！

3. 过失构造论 122

西原　跑题跑得有些太远了，但我还是想就过失犯论再多谈一些。正如方才所说，随着社会生活的变化，过失构造论也在发生变化。井上先生的观点，就是说，与其将过失作为责任要素，更应当将过失犯作为有过错的态度这种违法行为来思考，这种观点变得非常有影响力。其代表就是藤木英雄先生的观点。藤木先生是一位天才型的研究者，率先致力于公害事件的刑事责任问题，对那时发生的水俣病、痛痛病等，即所谓环境污染的三大公害事件，尤其是研究水俣病事件中企业的刑事责任问题。

藤木先生是一个思想非常敏锐、非常进步的人，他都走到危惧感说这一步了。对于预见可能性的认定，他主张，是不是会发生呢，只要有这种危惧感，就应当认定有预见可能性，提倡所谓的“危惧感说”。社会上的人将他的这个理论称为“新新过失论”，其实这个名字还是我起的呢。

高桥　这个还是第一次听说。

西原　为什么这么说呢，井上先生提出的应该以有过错的态度为中心来思考，这种观点和以前的传统过失论相比，被称为“新过失论”，藤木先生和我都属于这其中。但藤

123 木先生又在新过失论的基础上，进一步跳出新过失论，发展到危惧感说了，这我就没法赞同了。但是，因为藤木先生的观点也属于新过失论，我也要跟着他一块儿受批判。由于藤木先生的见解属于“新过失论中的新过失论”，在此意义上，我就把它称为“新新过失论”。我起的这个名字逐渐广为人知，特别是板仓宏先生对学说进行整理时也使用了这一用语，这个名称就这样确定下来了。

有这样一段往事，此后，这一理论作为“被容许的危险”理论表现出来。本来是包含危险的，但因为具有社会有用性，这种行为类型就一般性地得到允许，这样一种观点。此后，对于能够作为分工成立的组织性的行为，在过失认定上，监督责任这方面开始得到详细分析，这个前面也稍微有所提及。我也写过一篇监督责任方面的论文，但后来因为工作繁忙，就没有再继续深入。现在理论界还在这个方向上继续讨论，可以这样说吧。

高桥　关于过失犯论，现在讨论还在进一步活跃。

西原　看一下“二战”前的教科书，关于故意要写10页以上，但对过失却只有一两页。现在的教科书已经完全不同
124 了。毫无疑问，这些都是战后社会构造复杂化的表现。在此意义上，过失犯在现代社会中具有非常重要的意义。而在这个过程的初期，我也稍微有所参与，可以这样说吧。

4. 信赖原则对判例的影响

井田　学说对判例产生影响，虽然有过多次，但一个人的学说主张对最高法院的判例直接产生影响，并由此产生后来新的一系列判断的流向，这种事情还是很少有的。先生关于信赖原则的主张被最高法院采用，我觉得，这恐怕应该说是战后刑法领域空前绝后的亮点。而且是对过失犯的成立范围进行限定，把被告人朝着无罪的方向发展的。一个学说，能够对国家刑罚权的界定直接发挥作用，在此意义上，可以说是前无古人后无来者的壮举，我这样认为。

西原　是吗?

高桥　您在《交通事故与信赖原则》一书的后记中写了这样一段非常有意思的话。先生您对横井大三检察官说，对检察官来说"受害甚大"，横井检察官说"不是，是影响力甚大"。

井田　但是，从此后过失处罚的现状来看，已经形成了一种倾向，人们的目光总是会转向被害人一方，因为信赖而否定过失，这种理论本身已经很难得到人们的理解了。而且，在企业灾害的情况下，不是信赖工作伙伴、把工作交给同事去做，而是每个人都要确保完成好自己的分工，通过双重检查、三重检查来确保万全，防止事故发生，必须 125

这样做才行。信赖他人，自己不去干，草率从事，这是不能允许的。在有多人的情况下，对每一个人都课以同一方向的义务，不信赖他人，甚至本来就应该在不信任他人的基础上来完成自己的任务……社会一般人的观念已经朝这个方向走了，过失犯论也受其影响，我认为。

西原　是的。我也认为，理应是如此。信赖原则这个理论是有一些单纯，在某种意义上来说，我觉得，是太过单纯了。但是如果说信赖原则的理论本来就是残次品，我是绝对不这样认为的。这个理论在当时那个时代绝对是必要的。如果没有这个理论，判例就没有办法统一，信赖原则为判例的统一提供了理论支持，一石激起千层浪。而且最起码，在认定预见可能性和结果回避可能性的过程中，必须把加害人与被害人的关系考虑进去，必须把这个思考路径确立下来，把这个思考路径确立下来了，信赖原则也就完成了它的历史使命，我是这样认为的。因此，我不想被人说，因为这个理论现在已经用不上了，所以它本来就是一个残
126 次品，在当时是绝对有必要的，它是在一个历史时期扮演了相应角色的理论，我是这样考虑的。

高桥　从最近的过失竞合论来看，还是感觉，是不是有必要对信赖原则进行新的再构成呢？如果不这样的话，对所有人就都要处罚了。

井田　是这样的。对过失处罚如果没有一个限制的话，就成了结果责任主义了。最近不是都没有肯定信赖原则、认定无罪的判例嘛。虽然辩护律师一方主张了，但是法院一方全都否定了信赖原则的适用。

佐伯　刚才谈的这些，将在具体情况下设身处地追求正义的西原先生的这一主张很好地体现出来，我也深有感触。

西原　最近，不是发生了福知山烟花烧伤事件吗？针对这起案件，负有直接责任的应该是因为管理不充分引起液化气瓶爆炸的液化气瓶管理者。此外，爆炸前还发生了火灾，第三家店发生了火灾，于是引起了爆炸。因此，液化气瓶的管理者还有直接引起火灾的两个人，以及他们的企业主，都负有责任，这些都是可以明确的。问题在于烟火大会的组委会，商工会议所的副会长担任组委会主任，记者在提问是否负有责任的时候，他回答“我们承担最终的责任”。但是，从刑事责任的角度来看，有必要追究到组委会吗？你们怎么看？

佐伯　具体的案情我不太了解，没法说什么。 127

西原　也就是说，如果说为什么没有刑事责任，说到底还是因为他是专业人士，所以信赖他们是具有相当性的，是因为背后有这层因素吧？

高桥　如果不这样的话，策划这个活动的人就都要受处罚了。

西原　策划活动的是组委会。组委会策划了这个活动，但不是每年都举办嘛，一直以来，每一年都举办，但不是每一年都发生事故。

高桥　还是信赖原则啊！

西原　因此，如果说形式的责任、道义的责任，组委会可能是有的。但刑事责任，我认为恐怕没有办法追究。你们觉得呢？从现在的感觉来说。

高桥　我也这么认为。

西原　为什么这么认为？

高桥　还是因为适用信赖原则吧。

佐伯　是啊。

西原　预见可能性呢？

高桥　预见可能性这种东西，是有没有这种感觉？有，这种意义上的。

西原　预见可能性这种东西，作为判断标准它太过综合全
128 面了，可以说有，也可以说没有。比如说，大家都开车吧？
开车的时候会遇到骑自行车的吧，在车道的边上飞驰的自

行车忽然摔倒，轧到他的这种可能性，其实汽车驾驶人随时都会想到。但是，从我 1962 年拿到驾照到现在 50 多年了，还一次都没有出现过这种情况。但是，在观念上，也是一边想着他可能会摔倒，一边驾驶的。如果他真的摔倒了，轧到他了，这种情况下要说有预见可能性，既然平时都是这么想着的，是不是就应该说有呢？这样也可以吗？

井田　不行，不可以。

西原　因此，还是应该考虑社会生活的实际情况，特别是摇摇晃晃的那种骑车人，比如自行车上载了很重的东西、摇摇晃晃的那种，对普通的驾驶人来说，明明能够认识到却没有注意，或者虽然认识到了却认为不要紧，在这种情况下，存在这种特殊的情况，能够以存在预见可能性来追究责任。但在通常情况下，如果自行车很正常地行驶，骑车人忽然摔倒了，是不是认定没有预见可能性为好呢？我这样认为。但是，在这一块，如果仅以预见可能性作为标准，就会朝有罪的方向发展。

高桥　用结果回避义务来处理是不是更好呢？最近的判例都有这种倾向，不再适用信赖原则，而改作结果回避可能 129
性的问题来说明。

西原　哦，因为距离很近，所以没有办法了。

高桥　是的，还是认为有预见可能性的。

西原　在交通事故的情况下，这样处理固然是可以的。但对刚才说的液化气瓶爆炸事故，要否定组委会的刑事责任，在结果回避的问题之前的阶段，必然要把预见可能性作为一个问题来讨论，是不是？

井田　先生您提出的信赖原则，给判例实务带来的影响之大是毋庸置疑的。不仅如此，对此后的理论发展也有很大的贡献，我这样认为。学说上，信赖原则所包含的实质的思考方式，以及为信赖原则奠定基础的基本思想，得到了展开和细化，发展出了危险的分配、自我答责性、社会分工等理论，由此，研究朝着否定发生结果的归属的方向推进。先生的学说，是这一系列理论发展的契机，到现在都一直在持续发挥着重要影响。虽然今后会朝什么方向发展，目前还很难判断。

高桥　意思就是说，过失犯论现在依然在继续发展。

井田　是的，在这个领域，年青一辈的研究非常兴盛。

130 七、写作教科书、体系书的时期

1. 对研究者来说教科书的位置

高桥　先生您的教科书、体系书，是以怎样的构想、步骤

写作的？想请您谈谈这方面。比如说，您当初是以教案的形式开始写作的，到后来发展为真正的体系书，我想您的这些经验，今后的研究者写教科书时会有所参考。

西原 这个嘛，特别是对年轻的读者来说，可能是一个参考，我就谈谈这方面。我觉得，如果可能的话，教科书还是有的好。最近，已经渐渐地不用铅字了，电子化逐渐增多，纸质书将来会朝怎样的方向发展，对出版社来说是一个非常有意思的话题。但起码就眼下来看，书的时代、铅字的时代还将继续，我是这样认为的。因此，我觉得，让学生有一本铅字的教科书，无论对老师也好，对学生也好，都是有必要的。

那么，教科书在我作为研究者的生涯中是处于一个什么样的位置呢？我的第一本教科书是《刑法总论讲义案》（成文堂出版）。这本书也算正式出版了，谁都可以买得到的，但我当时考虑基本上是面向学生的，没有做任何宣传，
封皮也不是硬皮的，非常简单。而且是从我擅长的犯罪论 131
开始写起，罪刑法定主义、行为论、违法论作为第二分册先出版。第二年，违法行为的样态、责任论、刑罚论作为第三分册出版之后，补充了剩下的部分，1968 年又出版了合订本。最初的第二分册出版是在 1965 年，也就是我从德国留学回来的第二年。这也就意味着，我从德国留学回来之后就开始考虑写教科书了。

《刑法总论讲义案》

回忆一下，我进入研究生院开始刑法研究是在 1951 年。两年之后，从 1953 年开始做了 6 年的助教，成为专任讲师。也就是说，我站上讲台是在 1959 年。这样算来，出版教科书是在开始研究之后 15 年，成为教师之后五六年这个时期。从年龄来看，就是 23 岁、31 岁、37 岁。

高桥　算是很早了。

西原　而且，1962 年我晋升为副教授，开始的时候是讲刑法各论。从德国回来之后，承担讲授刑法总论这样重要课程的时期临近了，实际是从 1966 年开始讲总论的。

132 并且，这时候，我对自己的刑法理论在方向性上也形成了一些引以为豪的东西。其支柱就是前面谈到过的，虽然重视构成要件的形式的类型，但是将其作为违法行为的类型来把握，其中违法性的实质，当然是要排除法官的恣意判断、追求违法性的实质，将这一思考方式鲜明地表现出来，在许多个别问题上和通说产生不一致，其根本理由也就在于此。举具体的例子来说，在间接正犯、原因自由行为的实行的着手时期上就是一个表现。还有，在共谋共同正犯的问题上也是一个表现。这个大方向形成了之后，就涌起了对其进行体系性的说明的欲求。于是，就考虑从德国留学回来之后，开始写教科书。

所幸的是，成文堂这个出版社，一开始并不是出版社，而是书店，我从学生时代就经常进进出出，非常亲切。而且，现在的社长的兄长，也就是前一任的社长，当时还年轻，我和他从那时就处得很好。因为有这层关系，只要我提出希望，很快就能印刷，有这个有利因素在发挥作用。于是我的教科书写作，就以《刑法总论讲义案》这种形式比较自由地开始写起。

我想对于年青一辈写作教科书，这也可以作为一种参考模式，就在这里讲一讲。开始的时候，很难出版成那种硬皮的封皮、部头很大的书，说到底还是因为不愿意遭到彻底的批判。因此，在出正式的教科书之前，先从比较自 133
由的、反复修改的讲义案出发，作为我来说，我觉得这是写作教科书的捷径。

而且，我在出版《刑法总论》这本教科书之前，还有另外一个中间形态。也是在成文堂出版的，书名同样是叫《刑法总论》，但并不是完全的体系书，而是刑法总论中的30个主要问题。不是把刑法总论的全部问题都网罗进去，而是针对其中30个主要问题阐述自己的见解，得到了这样一个机会。这是成文堂策划的“法学基本问题丛书”这样一套丛书，不仅限于刑法，涵盖法学各个领域，而且作者仅限于早稻田大学的老师。出版这本书是在1968年。

高桥 我本科时代，就是用您的讲义案和基本问题丛书学习的。

西原 针对各自领域的主要问题阐述自己的见解就行了，这对执笔者来说比较容易写。为什么这么说呢？年轻的时候，肯定都有自己擅长的领域和自己不擅长的领域。因此，如果不擅长的领域也必须写，就会感觉很提不起劲来。但是如果只写自己擅长的领域，就比较容易写，而且还满足了把自己的特色让世人了解这份欲求。我觉得，具有这种特色的“法学基本问题丛书”是非常有益的。

134 当我把庆应的宫泽浩一先生给成文堂的策划书拿在手上的时候，说了“这个计划非常好，但却是个要跨越两个世纪的大工程”这样颇具讽刺意味的话。仅限于早稻田的教授，这一点还真是有一些讽刺意味。这套丛书都出齐了吗？

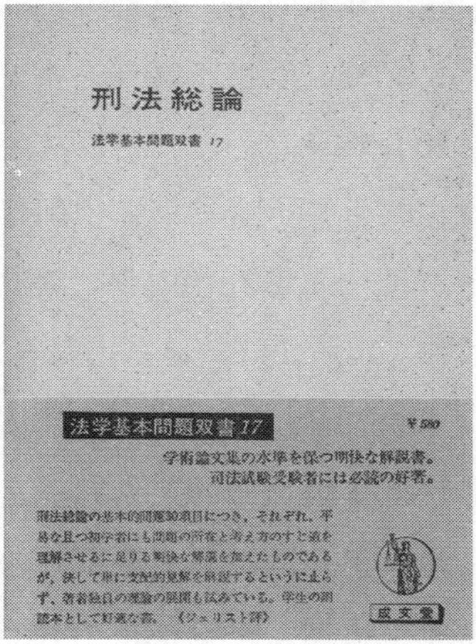

《刑法总论》(“法学基本问题丛书”)

高桥 没有，仅出了六七册，还处于未完成的状态。

西原 到了21世纪还没有完成啊。不过，宫泽先生真的是一个直觉敏锐、一针见血的人。

这本《刑法总论》对学界也非常有意义。比如，中山研一先生看了这本书之后，受到很大的刺激。中山先生可以说是形式主义的代表性论者，而我是实质主义的代表性论者，为了和我的这本书进行对抗，他希望写一本同种形式的书，而且还是在成文堂出版。

井田 是《刑法总论的基本问题》(成文堂1974年版)吧?

西原 《刑法总论的基本问题》这本书，非常鲜明地体现了“中山刑法”的精髓，写出了这样一本好书，说到底还是我的那本书激发出来的。

135 不管怎么说，因为有了这本书在中间作为过渡，后来写正式的体系书《刑法总论》的时候，就相对容易些，有这样一个前因后果。出版正式的体系书是在1977年。但遗憾的是，这本《刑法总论》后来本来应该做各种修订的，我也做了类似修订准备版这样的工作，但是因为我的刑法学研究已经告一段落了，就一直放在那里没有动。这件事连我自己都觉得非常遗憾，也觉得很不好意思，对成文堂也只有说抱歉了。

2. 《刑法总论》和《犯罪各论》

井田 正好在我本科毕业的时候，这本书出版了，确实是一本非常有创意的教科书。

高桥 你指的是体系书？

井田 对，我说的是《刑法总论》。具体创意在哪里呢？首先是语言的表达很美，不像一般的教科书那样，那种读了让人感觉到痛苦的书。行文流畅，是那种读了会让你感觉到愉悦的教科书。还有一个特点，不是仅对学说进行罗列，应该采取哪个学说，选择的理由是什么，都是在利益

衡量的基础上清清楚楚地写出来。最终为什么得出这个结
论，理由在哪里，把道理说得明白充分。比如说，关于不 136
能犯，过去采取的是抽象危险说，苦恼再三之后最终转为具体危险说，改变学说的本质理由是什么，把这些都写上了。从学习刑法的思考方式这一点来说，特别是小字的部分，对学习非常有帮助。读团藤先生、平野先生的教科书，不知道该怎么理解、大脑一片混乱的时候，读先生的教科书，观点一下子就梳理得很清晰。

高桥　出版体系书的时候我在读博士一年级。从基本问题丛书到体系书，花了不少时间，是单纯因为工作繁忙的原因吗？

西原　是啊。

高桥　基本问题丛书出版后隔了 9 年。

井田　这样啊。

佐伯　您就任法学部长是 1972 年吧？

西原　到 1970 年为止，作为教务主任一直在忙大学纷争，也在忙信赖原则。在此之后，1972 年当了法学部长，干了 4 年，一直到 1976 年。而且，当时的法学部长可不像现在的法学部长这样轻松，大学纷争的后遗症在相当程度上还存留着。尤其是早稻田，后遗症特别严重，我刚一就任法学

部长，校内就发生了“川口事件”这一学生私刑杀人事
137 件，发展为过激派之间的争斗，还诱发了把教授会都卷进去的大混乱。因为这些，大约有 1 年的时间都非常耗时间、耗精力。

不过，由于前面谈到的妥善运用时间，也就是很好地利用休息时间，在《交通事故与信赖原则》之后，接着又写完了《犯罪各论》《刑法的根基与哲学》这两本书，这在下一章还要详细说。这几本书可以说是那个时代的产物，大学纷争的产物吧。但是，毕竟还是被大学纷争还有大学纷争的余波占去很多时间，写作重要的体系书的条件当时还不具备吧，我觉得。

高桥　《犯罪各论》是先于《刑法总论》出版的吧？

西原　是《犯罪各论》在前。

高桥　对，这本书也花了不少时间吧，我觉得。

西原　是没少花时间。这本书也是相当不容易。不过，也是两个冬天、两个夏天就完成了。这本书没有在家里写，全都是在旅馆里“闭关”写的，夏天在赤仓，冬天在苗场。

当时藤木先生已经去世了，我自己出钱，让藤木先生的两个孩子到滑雪场来，还教了他们滑雪。藤木先生的夫人特别感谢我，说我“做了她一个女人没有办法做到的事”，非

常感谢我。这就是在苗场“闭关”写作时候的事。但是没
有叫我的家人去，想想看，觉得有些对不起夫人。暑假只自 138
己一个人躲到凉快的地方去，把孩子和老婆都留在家里。

井田　如果换成是我家，可不是轻易就能了事的。（笑）

西原　但也正是因为这样，才能把书写完。因为有这些事情，当时研究兴趣还没有转到总论的体系书上来。写完《刑法总论》是 1977 年。

　　我去庆应教井田老师，正好就是那个时候。

井田　对，是的。

西原　后来，1979 年 3 月，去了德国半年。本来应该是 1
年的，由洪堡财团资助，计划去 1 年，教授会都决定了的，
我也为此做了相应的准备。在这前一年的夏天，我前一任
的校长清水司先生当选校长，他 11 月就任的时候，就提出
希望我担任理事。但我拒绝了，明年一整年已经定好去德
国了，资助也都确定下来了，对我作为一个研究者的生涯
规划来说，这是非常重要的时期，因此就说了“不行”，
拒绝了这件事。我这么答复了之后，清水先生似乎一定要
让我当这个理事，又和我商量只去半年行不行。而且，是
担任新设立的负责国际交流的理事，这样的话，即使人在
国外，也就是说，人不在国内还担任理事这件事，其他人 139
也比较容易接受。因为是负责国际交流，人在国外也可以，

但时间减为半年，这样和我商量。都已经为我考虑到这种程度了，没办法，只能答应了。1979 年 3 月，我还当着理事，就去了德国。到这儿为止，一切还都好，但这件事其实就决定了我此后的人生。10 月从德国回来之后，过了 4 个月，第二年 2 月，发生了那次入学考试舞弊案。是一起职员把入学考试试卷偷出来的盗窃事件，再加上还有和警察的应对，事件的处理就落到专门研究刑事法的我的头上。这件事的处理告一段落之后，4 月，两位常任理事退休了，作为继任人，我担任了常任理事，自此以后就变得特别忙。后面回忆起来，我不得不离开学术就是在这一年。因此，井田老师念硕士的时候我还去三田教过他，那是在出发去德国前一年的事，自此以后就再也没有去庆应教过课。井田老师是我在庆应教的最后一批学生。

井田 最后的学生啊。

佐伯 这也是奇迹般的相识啊。

井田 我有一个问题想请教。先生您的教科书，去世了的郑先生说让他想起了耶赛克的教科书，写成了一部体系整
140 然、内容全面的教科书，我也是这个印象。您有在一定程度上参考耶赛克的教科书吗？

西原 这倒是没有。把各位前辈的教科书作为参考是有的，但是并没有一个特定的模板。对我而言，这是我第一本正规

的刑法教科书，形式上的特色是用了三种字号印刷。通常的教科书都是10.8号字的正文，9号字的脚注，我在这中间加了一个8号字的部分。通过这种办法，把为什么采取这种理论构成，为什么会得出这个结论的根据和背景，都能尽情地说充分。如果把这些写在正文中就会显得太啰唆，因此，正文还是用10.8号字，把为什么采取这个学说的理由和背景，当然是仅限于重要的内容还有自己学说有特色的地方降为8号字，详细予以说明。这也可以说是教科书的一种类型吧。

井田　我记得非常清楚，您在庆应给硕士一年级学生讲课的时候，您对我们这些最早拿到教科书的学生是怎么说的，看一本教科书，从哪里能看出作者刑法思想的本质部分呢？有两个地方：一处是在不能犯，也就是未遂犯的处罚根据的问题；还有一处是在量刑，可以看出作者对刑罚的基本观点是什么。也就是说，看不能犯和量刑这两个地方，就能了解作者的基本思想。我当时觉得，“啊，原来是这样”。先生，这事您还记得吗？ 141

西原　记不得了。

井田　您的这番话，我到现在还和庆应的学生说呢。

高桥　时间差不多了，今天就到这里吧。

全员　谢谢。

第三章　非常时期的非常关注

一、在大学纷争最盛期写成的《交通事故与信赖原则》

1. 战后社会的大变化

高桥 在日本的剧烈动荡期，大学纷争的最盛期，先生您处于最前线。当时的社会情况是怎样的？和您的刑法学理论的发展又有怎样的关联？请您给我们讲一讲。

西原 第一章、第二章讲战后的刑法学和我的关联，都是没有什么时代背景地淡淡地谈下来的，但事实上，当时一直处于非常激烈、混乱的时代，那种程度今天的年轻人是完全无法想象的。

把视野放得更广一些，从日本的近代史来看，明治维新可以说是最大的转折点。这是任何一个人都承认的，正是因为明治维新，才诞生了后来日本的历史，我认为应该这么考虑。比如说，日本为了防止被先进国家殖民地化，终结了幕藩体制，建立了以天皇为中心的中央集权国家，把命悬于一处，引进先进国家的国家制度和司法制度等，这些都成功了之后，才总算免于被殖民地化。但是，在免于被殖民地化的同时，日本又走上了之前那些先进国家的老路，把殖民地主义当做自己的东西来推行，挑起了和周边国家的严重摩擦。最开始是甲午中日战争、日俄战争，
146 进而发展为中日战争、太平洋战争。我觉得，当时日本的这个侵略时期，追根溯源是包含在明治维新里面的。在为了免于被殖民地化而学习的西欧国家理念中，当时以殖民地主义为内容的帝国主义，也被理所当然地学来了。因此我觉得，日本在战前的行动带有某种程度的规律性。虽然造成了很大的不幸，但确实就是这样。

因此，1945 年战败，1945 年 8 月 15 日，不得不说是与明治维新相匹敌的重大转变，这一点是包括年轻人在内的任何一个人都知道的，我们今天依然生活在从那时延续下来的体制中。只不过，战后日本是怎样发生改变的，对于这一点，我是在现实生活中体验的，而现在的年轻人是把它放在历史中的一页来看待。

最近，东京被确定为 2020 年奥运会的举办城市之后，1964 年东京奥运会是在怎样一个时代背景下举办的，这些陈年往事又开始见诸报端。但这些报道和我们这一代人亲身经历过的之间，又有很大距离。

2. 大学纷争的时代

西原　我作为大学教师，作为研究者，受到的最强烈的刺激或者说是影响，就是大学纷争这件事。从广义上来说， 147
大学纷争可以说是“二战”结束以来的反体制运动的延续。从狭义上来说，是从1965年的庆应义塾大学学费上涨反对运动开始表面化的。第二年，1966年早稻田大学又发生了学费上涨反对斗争，和围绕学生会馆管理经营权的斗争一体化，合称学费、会馆斗争。学生的罢课一直持续着，6个月的时间都没有办法上课。入学考试因为有机动队保护，好不容易实施了。前所未有的激烈运动开始了。

初期的早稻田大学纷争（早稻田大学大学史资料中心藏）

在东京大学，从反对东京大学附属医院封建式的医疗部体制的反对运动开始，扩大到了整个学校，又和全国性的派系斗争发生联动，1969 年 1 月，汇集成了“安田讲堂事件”这一惊动全国的大事件。过激派学生占据了安田讲堂，靠出动警力事态才得以控制，连入学考试都被迫停止了，发展到这样的非常事态。像这样个别大学的运动，从广义上看，受到法国、德国的反体制运动和美国的反对越战运动的影响，又和全国性的全共斗①运动联系在一起。比如 1968 年 10 月
148 21 日的国际反战日，新宿车站周边的大游行，发展成了首次适用刑法上骚扰罪（现在的骚乱罪）的大事件。像这样，大学纷争和社会运动结合在一起，这是 1969 年的夏天。1969 年 6 月，由于《大学管理经营临时措施法》这部法律的通过，事态开始得以平息。之后，在各个派系中最为过激的联合红军渐渐被逼入绝境，发生了浅间山庄事件，最后跑到群马县的迦叶山建起了地下活动指挥所，自相残杀，发生了这样残酷的事情。自此以后，学生运动基本上平静下来了。

我工作的早稻田大学，学生运动本来就比较兴盛，在这次学生运动中也是最激烈的。而且，当其他大学都开始平静下来之后，还持续了相当长一段时间。正当大学纷争达到

---

① “全学共斗会议”的简称，是 1968 年至 1969 年期间日本全国大学生斗争主体的学生运动组织。

最盛的时候，我到了所谓的担任管理职务的适龄期，这就是宿命吧。从1968年到1970年，正是大学纷争达到最盛这一时期，我担任了辅佐法学部部长的角色——主管学生工作的教务主任。那可真是今天不知道明天会发生什么，自己也不知道自己的身体、性命会怎样，这样的生活过了两年。

现在想来，为什么会发生这样的大学纷争，真是想不明白。比如说，我问全共斗的学生，“你们想要干什么?”
他们说，“别的不管，先把现有的体制破坏掉”“把大学解 149
体”。再问他们，把体制打倒了、把大学解体了之后，建立怎样的体制、建立怎样的大学？却没有人回答。没有人能够回答。他们主张的就是单纯地破坏，破坏了之后从中必然会有新的东西产生，他们多数人是这么回答的。既然是这样，我作为一个研究社会科学的人，是没有办法支持你们的。对于学生运动，不管怎么样先把它平息下来，从运动中把大学保住，把授课保住，当时所能做的就是这些，这就是事实。

但是大学纷争却给我的教育活动和研究活动带来了非常大的影响。关于这方面，我想再和大家说一些。

3. 大学纷争与研究生活

高桥 当时您在大学纷争的最前线，承受着我们所难以想象的艰辛，但让我们感到不可思议的是，在这么忙的状态下，您还能出版著作。这是怎样才能做到的呢？

西原 其中一个例子，就是在1969年大学纷争达到最顶点的时候出版的《交通事故与信赖原则》这本书，是怎样做到的呢？

150 当时，主管学生事务的教务主任这份工作，就像你刚才说的那样，不是当事人真的是不知道有多辛苦、有多危险、有多忙碌。过激派之间相互争斗，把学校和学部的管理人员拉出来要求集体交涉，不仅如此，派系之间争夺主导权，还闯入法学部的校舍，互相扔石头也是常有的事。而我要在他们之间作仲裁，被扔的石头打中受伤都是很有可能的。就这样，每天在暴力横行中跑来跑去“救火”，这样的生活每一天都在继续。

白热期的早稻田大学纷争（早稻田大学大学史资料中心藏）

接下来，前面说过的大学立法在6月份的时候制定了，预定是要施行的。他们就打出了反对大学立法这个目标，运动逐渐激化。结果，课也逐渐上不成了。进入6月份，151
校舍都被他们占据了。今天再来看这些，简直就没法想象。比如说，我所在的教务主任室、旁边的法学部长室、办公室、法学部的教室，全都被他们占据了。当然，因为之前已经预料到了这种情况，重要的文件都已经转移到了别的地方，办公室转移到了校内还没有被占据的角落，在像小棚子似的地方办理一些琐碎的事务。这是6月份这个阶段的情况。然后到了7月份，差不多要进入暑假了。

出动机动队解除他们的占据也是可以的。虽然是可行的，但想一想，也就能维持到9月上旬。现在大学的暑假是放到9月末，当时是到9月上旬左右。即使派机动队进去解除对教室的占据，同样的事情还是会再度反复。索性就等到9月份新学期开始的时候再派出机动队。这样一来，突然就能放暑假了。由于从授课开始大学的一切事务都停止了，过激派学生也停止了动作，进入了一种休战状态。突然可以不再为学生运动所烦，得到了两个月的假期，当时我就是这么一种感受。

我本来就属于不觉得写论文、写文章有多苦的那种类型，属于喜欢写东西的。但即使是这样，在论文快完工的阶段还是觉得挺难熬的。我的情况是，论文写到最后阶段，

152 口腔就会发炎。真是不可思议。明明不觉得是件苦事，写到后期却会得口腔炎，等完稿之后又一下子好了。看来还是因为精神上相当紧张。

虽然写论文有写论文的苦，但如果写不了，又会导致欲求不能满足。这种欲求不能满足一直积累着，忽然有一天得到了两个月可以自由支配的时间。第二章里也说过，我曾下决心把有关信赖原则这方面积累的研究成果写成一本书，这是以前就计划好了的，但因为大学纷争一直没能实现。

看一下我当时的记事本，开始动笔是 7 月 27 日。积累了多时的欲求不能满足一下子爆发出来，写啊写，怎么写都不感到疲倦。200 字的稿纸，每天最少要写三四十页。最多的时候，一天就写了 58 页。到了 9 月 24 日完成书稿交给成文堂，成文堂也很支持，10 月 14 日初校就出来了。正好在齐藤先生去世的前一天，11 月 24 日，完成了校对。出版是 12 月 15 日。

这本书，乍一看是在大学纷争闹得最激烈的时候竟然还能写出一本书，确实是这样，没错。但另一方面，也可以说，正是因为大学纷争闹得最激烈才能写出一本书来。这种经历也是很少有的，给大家介绍一下。

153 4. 和大学行政的关系

井田 我想问一个问题，可以吗?

西原　可以，请问吧。

井田　您并不是因为想当政治家或者大学的行政负责人才留在学校的，而是因为想做学问才留在学校的。当这种担任行政职务的邀请或者说是委托来了的时候，应该是可以拒绝的吧？

西原　是可以拒绝。

井田　拒绝了担任行政职务的邀请，在研究方面更上一层楼，而且说不定研究这条路还更适合自己，为什么您没有拒绝而接受了呢？还是说有可以撤退的机会？关于这方面，您能跟我们讲一讲吗？

西原　这件事我到现在还记得很清楚。1968 年，9 月份暑假结束后进行了法学部长选举。选举之后，新当选的法学部长就提出，希望我担任主管学生工作的教务主任，让我考虑一下。1965 年之后，学校里就开始不平静，还波及到学校外面。当时 1968 年 10 月的新宿大游行已经发生了，骚乱的程度恐怕都可以适用刑法上的骚扰罪了。在这种情况下，接受这个职务肯定是个苦差事，已经是一目了然了。

但我当时的心境是，我并不觉得我能胜任这个工作，但 154
总要有人去干。如果在这个时候选择逃避，就太没骨气了，我当时就是这么想的，真的。遇到这样的情况这是人的命运，是上天的安排，只能接受。虽然不知道会发生什么，但只有去做。如果逃避就太没骨气了，就是这样一种心境。

确实，如果想要逃也能逃得了，选择了逃避，研究这条路说不定能走得更好。但今天回过头来看，正是因为经历了当时那些艰难，后来才能闯过担任常任理事那个时期的难关，正是因为闯过了那些难关，才能在校长这个位置上干了 8 年。我觉得，是那段经历使我变坚强了。

正如这本书最开始的时候所说，我本来是一个性格很柔弱的文学少年，真的，性格非常柔弱。谁说了些什么都会特别在意，对人生的悲欢离合感受得非常敏感。现在想来，会变成今天这样，无论发生了什么都不会惧怕，简直是没法想象。说到底，还是因为不断地接受训练，一次又一次地经受考验的结果。这些经历让我显著成长了。这样看来，觉得如果逃了就太没出息了，不管怎样要把交给我的任务完成，这个选择、这样的人生态度是没有错的，这一点我是确信的。

井田 接受主管学生工作的教务主任一职时，您有没有想过，自己将来就沿着法学部长、常任理事、校长这条路一步步走下去了？

155 **西原** 这个完全没有想过。当时想的就是，不管怎么说，要在大学纷争中把法学部的授课保住，把大学保住，这是我的责任，想的就只是这个。这是上天对我的安排，想的就只是这些。

井田　在此之后，您有没有想过，这是不是应该叫岔路口呢？如果继续走下去就没有办法再回来了，但既然在此作了决断就不再回学问这条路了，这种面临人生抉择的感觉，您当时没有吗？

西原　也不是，研究我当然是很在意的。但是，大学老师是研究和教育两个方面的工作都要做。而且，我的恩师齐藤先生说过，“大学老师所必需的是研究能力、传授能力、培养后辈的能力、学校行政能力，还有一点，耐得住清贫的能力”，只有一项能力是不行的，齐藤先生一直这么对我说，我想这可能也是一个背景因素吧。因此，虽然明知道研究的时间、写论文的时间会没有，导致研究能力没有办法发挥，这种可能性是有的，但毕竟这是大学老师的一项责任，我是这样认为的。说到底，这就是宿命吧，是上天的安排，违抗上天的安排是不行的。

井田　原来是这样。

西原　只能听从上天的安排。这其实是在成就这个人，我 156
是这么觉得的。自己追求去做的，往往并不是应该做的。应该去做的，是上天安排下来的。既然落到自己头上了，就必须接受。这才是人应有的人生态度，我是这么理解的。

井田　明白了。

5. 繁忙时期撰写论文的秘诀

高桥　《交通事故与信赖原则》一书仅仅用了两个月时间就完成了，是因为一直以来都有积累，才能做到的吧？

西原　是啊。

高桥　在这方面，您之前写过各种各样的论文、判例评释，还有杂志的约稿。

西原　确实写了不少呢。

井田　看一下您的著作一览表，是发表了很多。

高桥　这样工作的秘诀是什么，请您给我们讲一讲。或者说，您平常是怎样研究的呢？

157 **西原**　这个因人而异。比如说，去世了的中山研一先生的方针是，哪怕再忙，每天也要写一页纸，哪怕一行字。他是这么说的。但这个我是做不到的。我是那种积累到一块儿做的性格。积累到一块儿做，必须保证把时间分配好。因此对我来说，时间的分配是一项非常重要的战略。就这样，从1968年到1970年，虽然确实很忙，但小的论文还是写了不少。

高桥　作为撰写论文的前提，通读文献资料也是需要时间的。

西原　是啊，是要读。

高桥　阅读资料也是集中读吗?

西原　是啊，经常这样集中读。

井田　周六、周日呢，用于研究吗?

西原　确实是这样。我不打高尔夫球，也就是因为这个原因。如果打了高尔夫球，因为我有运动天赋嘛，应该会打得很好。虽然打得好，但却不喜欢输球，谁都不喜欢输，对吧。这样一来，就不光是去高尔夫球场打球了，肯定会因为不甘心输球而每天练习。于是，索性还不如一点都不打呢。稍微打一点的话，就已经不行了。就这样，我完全不打高尔夫球，就这样过下来了。

还有，麻将也是下决心不打，一直都坚持下来了。这 158
也是为了防止把周六、周日的时间荒废掉，把不用去学校上班的周六、周日用于论文写作。尤其是学校很忙的时候，在大学纷争的鼎盛时期，周六、周日的时间就特别宝贵。确实，仅仅是用周六、周日的时间，就能写出相当的分量，这可以说是我用切身经历证明了的。

井田　反过来，因为担任行政职务，使研究的内容得到丰富，这一面也是有的吧?比如说您的《犯罪各论》，正是因为担任行政职务，对于社会、时代的动向这些都广泛接触才写成的一本书，是不是可以这样说呢?

西原　是这么回事。

二、 撰写《刑法的根基与哲学》

1. 写作的起因

井田 参与大学的行政工作，有时候也会把研究内容朝好的方向引导。

西原 的确是。比如说，看一下我的业绩表，1968 年到 1970 年写的这些小论文，研究主题都没有怎么变，和其他
159 的年份相比，基本没有变。因为基本上都是人家约的稿。不过，说到写书，那个时期写了两本有特色的书，一本是《刑法的根基与哲学》（一粒社 1979 年版），还有一本是《犯罪各论》（筑摩书房 1974 年版）。在某种意义上说，这两本书也是受时代影响的产物。关于这一段我再稍微多说一些。

先说 1979 年出版的《刑法的根基与哲学》。这本书出版的时间比较晚，比后面要说的《犯罪各论》还要晚。但写这本书的问题意识很早以前就形成了，在大学纷争时代就产生了这个想法，犯罪各论这种视角也是受到它的影响，我就先介绍这本书。

但是，这本书在日本好像基本没有什么人读。

井田 我觉得没有这回事……

西原 基本没有什么人读。但是，在大约 20 年前，这本书

在中国翻译出版了，译作《刑法的根基与哲学》。没想到，到现在还没有绝版，还广为流传。比如我到中国去演讲，演讲结束后，就会有学生排着队拿着这本《刑法的根基与哲学》的中译本请我签名。

中文版《刑法的根基与哲学》

这话由我自己说可能有些不太合适。在中国学法律的学生中，至少是研究生以上的学生中，日本的法律学者中我是最有名的，而且还不限于刑法学者，是整个法律学者中最有名的。不可思议吧，我的教科书并没有在中国翻译 160
出版，日本学者的教科书在中国翻译出版的不是有好几个人嘛，尽管如此，在中国最有名的日本刑法学者却是我，这可能和第四章要谈的，我担任中日刑事法学术交流的领导者有关。不过虽然这么说，在中国知道这个的也没有那么多人，主要还是因为这本《刑法的根基与哲学》吧，在某种意义上，好像成了中国法律学生的必读书。至于理由嘛，我也想到了，这个还是放在后面说。这本《刑法的根基与哲学》，本来是一粒社策划出版的，是作为系列丛书中的一部，但选题却不是他们提出的。

井田 这样啊，是您自己选定的主题啊。

高桥 虽然是系列丛书。

井田 是系列丛书。但是作为一个整体，好像没有怎么出。

西原 这个系列叫“现代法律学的课题”，它的旨趣是很
161 高的。意思就是说，法现象在不断变化，但相应的，法律学的努力却还不够。尤其是既存的法理论都是用传统的思考方式在进行，对这些新的现象，缺少与之相应的工具概念。把剧烈变动的社会现实升华为理论，生产这样的理论是非常重要的。于是就有了这样一个出版策划。

井田 这个策划本身您也参与了吗？

西原 没有，整体的策划我没有参与。

井田 您只是负责执笔？

西原 也不仅是执笔，刑法领域的编委是我和中山研一。

井田 这个系列丛书，其他法学领域也是有的吧，比如说民法。

西原　宪法是高柳信一、浦田贤治，民法是五十岚清、川井健、北川善太郎、水本浩，劳动法是片冈升、中山和久，是这样一些人担任编委。

佐伯　刑法部门的执笔者除了您，还有中山研一先生、中义胜先生……

高桥　金泽文雄先生。

井田　对，还有米田泰邦先生。

西原　对，总之就是围绕“现代法律学的课题”这一共通的主题写些什么，我想写《刑法的根基与哲学》这个题目，我觉得一定要写这个题目，是有这样的理由的。

《刑法的根基与哲学》

162 就像前面讲的那样，全共斗的学生是以破坏体制为目的。因此，现行的法秩序他们也是不承认的。但是破坏了之后要建立怎样的法秩序，却没有相应的理论，当时就是这么一个状况。学生们打着这些主张骚乱闹事。从早上开始，在被游行队伍席卷的校园中上课是怎样一种情形，你们可以想象一下。还像平常那样，比如，跟他们讲，盗窃罪的本质是对占有的侵害，和所有权的关系是怎样的；讲关于实行的着手时期，有主观说、客观说、折中说三种学说，各有各的优劣，我采取的是什么学说。这么讲着讲着，不知怎么的，就觉得特别空洞。放到今天可能很难想象，你们可以想象一下那样的情况。

2. 全共斗时代痛感必须对刑法的根本进行说明

西原 在这种状况下，要从正面和他们对决，必须把更根
163 本的东西跟学生讲清楚。对刑法学来说最根本的东西是，为什么国家独占性地拥有刑罚权？为什么国家拥有刑罚权？全共斗的学生不是要破坏国家刑罚权吗，而我还要跟他们讲刑法理论，讲授刑法。因此，国家权力的根据是什么？国家独占性地拥有刑罚权的根据是什么？我自己必须首先有一个清楚的把握，我是这么认为的。

这属于一种法哲学的问题，但意外的是，这方面的文献却没有。战前有比如小野清一郎先生的《日本法理的自

觉的展开》（有斐阁 1942 年版），战后却意外地没有。关于国家刑罚权的根据，有人说是维持正义所必须的，有人说是保护利益所必须的，有人说是维持秩序所必须的，但这些说明却都给人一种敷衍塞责的感觉，我以前也对这些没有深究。继续再往深里想一想，为什么为了实现正义就必须要刑罚权？为什么必须要维护秩序？为什么必须要保护利益？这些疑问都还是存在的。这样一来，为什么刑罚权必须由国家独占行使，要回答这个问题，就必须不断地追问为什么、为什么、为什么，一直刨根问底到没法再问了为止，否则“为什么国家刑罚权是必须的”就没有办法得到说明。如果说这是维持秩序所必须的，那就必须回答为什么必须要维持秩序。如果说必须要保护利益，那就必须要刨根问底到为什么利益保护是必须的。这就和探险一样，从表层开始一层一层地往下深入，一直挖到最底层， 164
然后还要再从最底层返回来，我是这样觉得的。在某种意义上，这可以说是我独特的想法。尾高朝雄先生出过一本书叫《法的终极所在》（有斐阁 1974 年版）。这本书我读了，但还是觉得没能特别说服我。于是，我就开始自己去实现这种从表层逐渐挖掘到最底层的作业。

那么，刑法制定的最外表一层是什么呢？是国会的决议。于是问题就来了，国会议员为什么要制定以刑罚作为法律效果的法律呢？在这中间，有些是属于本来就应该存在的生理现象，也就是如果不这样身体就会不舒服这样一种当然的生理现象，同时，还有一种就属于病理现象。比如说，日本的政治、政党政治中不是有利益集团嘛。“原子能村”这种妖怪一样的存在最近变得很出名。比如说，自民党的所属议员形成一个集团，压力团体对其施加压力。在这些压力团体中，最大的一个就是农民团体。相反，也有抵制法律制定的组合团体。在这中间，有些还可以说是属于生理现象，有些就属于病理现象在发生作用了。在病理现象中，比如选举中“一票之差”的问题，就可以算是一个。议员规定人数的修正是必须的，
165 这一最高法院的判断就表明了这是一种病理现象。就像这样，一边区分是属于生理现象还是病理现象，一边不断地走向深入。

3. 与马克思主义的对峙

西原 在这个不断深挖的过程中，撞上一堵高墙，这就是马克思主义。就如大家所知道的，马克思主义主张，共产主义社会实现之后，国家就会消亡，法律将不复存在，监狱也将不复存在，书本上是这样写的。但我认为，共产主义社会估计是实现不了的。即使实现了，犯罪和刑罚也没有办法消亡，监狱也没有办法不复存在，我从以前就是这么认为的，从结论上来说。但既然他们

说了“会消亡”，就必须分析“为什么消亡不了”。这样一来，就等于把马克思主义整体的思考方法作为分析对象，这可了不得。

尽管当时正处于非常繁忙的时期，我把高中时代、大学时代读过的“岩波文库”都找出来重读。我从年轻的时候开始，就受到马克思主义中的唯物史观的影响，比如生产力的变化影响生产关系，生产关系改变上层建筑也会改变，法律也会改变，最终人的意识也会改变，这些道理本身我认为是正确的。因此，唯物论而不是唯心论的立场，比如说，和黑格尔的《精神现象学》相比，还是马 166
克思主义的理论更容易理解。但是我认为，社会发展会终结这件事本身就是不可能的。也就是说，共产主义社会实现了以后，理想社会就到来了，阶级斗争的历史就此终结，这绝对是有问题的，我是这么认为的。人这种东西，本来就是带着不行的一面存在下去的，当我还是文学少年的时候就一直这么觉得。但是要把这些作为理论表达出来，却非常困难，自己也为此很是苦恼。怎么想都无法突破。尤其对手还是如此巨大的马克思主义理论体系，有着众多的信奉者。

关于这一段，还有一件趣事。前面也提到过，那段时间，我写书基本都是暑假、寒假在旅馆或者宾馆“闭关”写的。这本《刑法的根基与哲学》也不例外，是用两个暑假、两个寒假写成的。1977 年、1978 年冬天，在苗场滑雪场稍微前面一点，一个叫浅贝的村子里面有个绵贯旅馆，在那里“闭关”写作。因为面对滑雪场的王子饭店价钱太高了。就像前面说过的那样，我每天只在下午滑两个小时的雪，其他时间都在不停地写作。有一次，在从滑雪场扛着滑雪板回来的路上，忽然来了灵感。

作者在苗场滑雪场

这个灵感是什么呢？说起为什么生产力会变化，我的看法是，蒸汽机车、电、计算机这些新“工具”的发明是
167 主要原因。这个以前就明白。

那么，为什么电会被发现？拿到今天来说，为什么会造出计算机来？为什么会造出智能手机来？各种各样便利的东西为什么会被造出来？想一想看，还是因为人想要，

因为这些东西方便。也就是说，根本上是人的欲求在驱动，人有这样的欲求。但是，比如说，古代社会的人无论有多么强烈的欲求，也不可能造出计算机来。还是因为历史不断地积累，科学技术的力量不断积累到今天这个阶段，在人的欲求的驱动下，就造出了计算机。因此，工具是人的欲求的时代性的表现。

另一方面，人的欲求产生犯罪，反过来，为了预防犯
罪，人又制定了法律。因此，国家刑罚权最根基的东西说 168
到底还是欲望，这个想法我以前就模模糊糊地有了。这个想法，和刚才说明的欲求→新工具的发明→生产力的变化这一思考方式结合在一起，不就可以突破马克思主义的根本了吗？在从滑雪场回来的路上，我忽然灵光闪现。

马克思主义总是把生产力的变化作为出发点，生产力的变化影响生产关系的改变，然后又决定了上层建筑，他把这种社会法则作为思想基础。除非经历阶级斗争引起的革命，生产力变化与上层建筑之间的矛盾就无法得到消解，这种自下而上的单向运动就会不断重叠。

生产力变化的主要原因是新工具的发现，如果先把这个放在一边，把人的欲求放在最根基的位置，欲求这种东西是会回到原点的，这不就肯定了双向运动了吗？也就是说，人在过去阶段的欲求产生了现在阶段的生产力，决定了现在的生产关系，这都是没问题的。但现在的生产关系

在持续的过程中，又会产生想要更好的工具的欲求，于是又发现新的工具，由此产生新的生产关系，这个方向的运动应该也是说得通的。因此，单向运动的观点是有问题的。

无论社会怎样变化，人的欲求都不会消亡。正如推动
169 新工具产生的是那个时代的人的欲望一样，那个时代人的
欲望也会产生各种各样的新的犯罪。新的犯罪产生出来，就必须有新的应对措施。因此，不是单向运动，而是循环的，欲望总会不断地回到原点。这对生产力与生产关系的变化也同样适用。这个观点实在是非常单纯，我也不知道正确不正确，但它就是这样“啪”地闪现出来，在我扛着滑雪板回旅馆的路上。

我匆匆赶回旅馆，把滑雪板、鞋草草收拾一下，飞奔回屋就开始写，像泉涌一般，不断地写。那天正好是 12 月 24 日圣诞前夜，晚餐都变成了圣诞晚会，小旅馆里热闹非凡。对我来说这些全成了伴奏，过了半夜还在不停地写。到现在，还经常能回忆起当时那兴奋的几个小时。

遇到瓶颈，又实现突破，真的是突如其来的。大家可能也都经历过，有时候是在厕所，有时候是在爬楼梯爬了一半，还有爱因斯坦那个……

井田　相对论。

西原　这个设想据说是在一边爬楼梯一边和学生说话，一

只脚踩在下一阶楼梯上说话的时候闪现出来的。和爱因斯坦相比，我这只是一个微不足道的设想。但长久以来都在 170
不断思考、不断烦恼的问题，被一个突如其来的设想给解决了，这可以算是一个例子。这个观点是不是正确，我也不知道，但起码能把自己说服了。也可以说是和马克思主义相对的一种思考方法吧。

1990 年莫斯科大学授予我名誉博士学位。在当时的纪念演讲中，我讲了刚才这个观点。在马克思主义的大本营莫斯科讲了这一套理论。然后，苏联的一个刑法学者对我说，“先生，您这个观点在俄国革命前，在刑法学者中间曾经流传着这样的观点”。但是后来革命成功了之后，就因为违反马克思主义而完全没有人主张了。但是，这种观点是曾经存在过的。

听了这话我是又惊又喜。为什么这么说呢，对于这个观点，我自己虽然认为没错，但完全没有自信，觉得自己提出了超出常规的东西。事实上，这本书最后完稿是 1979 年去德国的时候在德国写的。6 月 27 日将书稿送给一粒社，那天的日记里这样写道：

> 把书稿送出去，与其说是松了一口气，不如说是干了一件不可想象的事情。这种沉重的情绪沉甸甸地压在胸口，我在学界的位置将会怎样，自己已经完全无从知晓。

171 10年后，从俄国学者的嘴里听到这些话，压在胸中的沉重情绪才第一次得到释放。当然，这本书出版后，遭到来自马克思主义立场的批判，这也是理所当然的。比如中山研一、早稻田劳动法的中山和久等，对我这一观点都写过从正面进行批判的论文。

被授予莫斯科大学名誉博士学位

高桥 这个观点，您在刑法学会第五十七次大会（1980年）的共同研究“刑罚权和处遇权的基础”上作了报告（载《刑法杂志》1982年第25卷第1号，第148页以下）。

西原 是的。对于这些批判的论文，虽然读来读去也觉得没能说服我，但对这些从马克思主义立场展开正面批判的论文，我真觉得非常了不起。不管怎么说，一个研究刑法

的人，应该对自己的职业对象——国家刑罚权的根据在哪 172
里——有一套自己的哲学和理论，我是这样认为的。

高桥　是的，正如您所说。

西原　对我的见解进行批判也没关系。我用自己的方式，在学界首次进行了一种冒险性的尝试。他们以此作为踏脚石进行批判也可以，随着这种批判，让国家刑罚权根据的研究逐渐深入到最底层，这正是我所希望的。而对我来说，产生这一套理论，其实是受到全共斗运动的影响，这是我想跟大家说的。

三、《犯罪各论》的出版

1．对刑罚权发动进行体系性说明的必要性

西原　《犯罪各论》这本书同样是国家刑罚权的发现形态的一个体系性的表现。我们容易把科处刑罚的行为仅仅当做刑法上的犯罪来看待。确实，法院的裁判中多数都是刑法犯，但是也有对特别法犯发动刑罚权的。而且，从犯罪预防的角度来看，行政管理法规或者刑法的附属法规都在
发挥着犯罪预防的作用。但对这些各种各样的行政管理法 173
规，只是在刑法总论或者各论中作碎片性的介绍。对此，必须有一个体系性的说明，那个时期我就开始这样考虑了。

比如说，《刑法各论》中对业务过失致死罪的说明，不能只是在离它十万八千里的地方有一个道路交通法的说明，而要将它作为一种社会现象，采取交通犯罪这种归纳方法，把两个方面联系在一起来把握。这样一来，比如公害犯罪、医事犯罪、黑社会犯罪，再比如公司犯罪、不动产犯罪、公务员犯罪，在某种意义上是采取社会学的分类方法来归纳的，这在体系上虽然显得有些不严格，但刑法和特别法、刑法犯和特别法犯，这在体系上是能够说明的，我是这么考虑的。而恰恰就在这个时候，突然接到委托，让我执笔《犯罪各论》这本书。这是作为筑摩书房的“现代法学全集”的一环，团藤重光先生作为编辑顾问之一。

井田 团藤先生写的是《法学入门》。写《刑法总论》的应该是……

高桥 平场安治先生。

井田 对，但书名是《犯罪总论》。

西原 是《犯罪总论》。

174 **高桥** 但是没有出版。

井田 最后还是没有出版。

西原 刑法部门除了《犯罪总论》和《犯罪各论》，还有平野先生的《刑事法通论》。

井田　啊，我记得平野先生的《刑事法通论》还发过预告来着。

西原　出版了吗？

井田　没有。

西原　是没有啊。《犯罪总论》是平场先生执笔，《犯罪各论》是我执笔，《刑罚论》是森下忠执笔，《刑事诉讼法》是田宫裕执笔，就是这样一个安排。

高桥　但是都没有出版。

井田　是都没出版。

2. 团藤先生的主意

西原　学界首次提出“犯罪总论”“犯罪各论”这一设想，虽然是编委平场安治先生直接跟我说的，但最初提出这个想法的，好像是编辑顾问团藤先生。正好我在大学纷争中，从国家刑罚权的发动的观点进行过考察，为了对国家刑罚权的根据进行体系的说明，有必要对刑法犯和特别法犯的关系进行体系的说明。为此，就需要用社会学的范畴对犯 175
罪进行组织化、体系化，这就是我要瞄准的目标。因此，“犯罪各论”这个主意在我心中一下子就被接受了。于是，我问团藤先生：“我打算按照这个想法写，您看可以吗？”团藤先生说：“这恰恰就是我所想的。”

井田 在这样一个豪华阵容中选您加入，本身就是对您一种很高的评价啊！

西原 虽然我不知道团藤先生、平场先生为什么要选我，但从结果看，确实是一个绝妙的选择，因为它和我的想法不谋而合。这本书，虽然惊人地第一版就卖了 2 万册，但学界的评价好像不怎么高。

佐伯 学界的评价是很高的，但作为刑法各论授课的教科书，却不太容易用。

西原 没错，用不上吧。

井田 这是面向专业人士的，面向专业人士的教科书。

176 **3. 《犯罪各论》 的写作**

西原 《犯罪各论》出版是在 1974 年 1 月 15 日，开始写是 1971 年的 12 月。主要部分是用两个暑假、两个寒假在旅馆或者宾馆“闭关”写成的，从 1973 年 5 月开始，将完成的部分陆陆续续地交给出版社，9 月 28 日完稿，12 月 17 日校对就结束了，以这样一个速度推进。

开始动笔是 1971 年，正好前一年的 9 月 15 日刚从主管学生工作的教务主任这个位子上解放出来，心情是非常轻松的。但相应的，又有大量的工作涌来，忙的程度可以说基本没有改变，就是这样一种状态。从前一年 1970 年开始担任司法考试委员，包括出题、判卷、面试，又增加了一项新的工作。不仅如此，各种法律出版社看到我“闲下来了”，约稿像山一样地压来。

高桥　确实，看一下您的业绩表，1971 年发表的论著是前一年的两倍。

井田　1971 年到 1972 年这一年，从发表论文数来看，是您学术生涯的最顶点。

佐伯　怎么能写出这么多来啊！

西原　这也算是欲求不能满足的一种消解形式吧。不过我 177
这种忙的程度，筑摩书房也十分了解。事实上，在山里“闭关”写作，由出版社负担住宿费这种方式，就是从写作《犯罪各论》开始的。

筑摩书房这个出版社，主要是从事文学、评论这一类人文系图书的出版。像这种把作家“关在”旅馆里写书稿的方式，似乎是他们长久以来的习惯。而我呢，从 1965 年开始，就有了每年年末去滑雪的习惯。筑摩书房察觉到了这一点，就把我“关在”苗场滑雪场附近的旅馆里写书。最初的那个冬天的笔记本我还留着，给大家介绍一下。从 12 月 15 日到 30 日，再从 1 月 3 日到 8 日，总共住了 22 天。其中，12 月的那 16 天写了 300 页稿纸（每页 200 字），比我的平均水平要低，因为查资料花了不少时间。

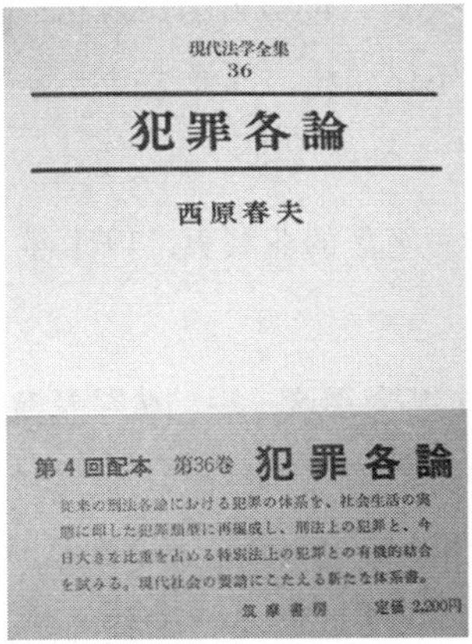

《犯罪各论》

夏天是 1972 年和 1973 年这两个夏天，在赤仓温泉的次井旅馆“闭关”。1972 年住了 16 天，1973 年住了 11 天。
178 1973 年 9 月又到美原温泉宾馆住了 11 天，这期间还曾经叫家人过去住过一段时间，当然这种情况费用肯定是自己掏的。住宿费中包含早餐，午餐和晚餐的费用都要自己负担。写了多少页稿纸没有记录。1973 年冬天，在浅贝的绵贯旅馆住了 8 天。总共 68 天，200 字的稿纸写了 1750 页，一本 451 页的书两年时间完成了，效率还挺高吧。要不是采取这种方式，在当时那么忙的时期，根本就没法完成。

佐伯 听了先生讲的，再一次感到把工作集中在一起做的重要性。但是，对“闭关”写稿这种流行作家一样的方式，虽然也很向往，但在我们这一代中好像没怎么听说有人是这样的。你们听过吗？

井田　现在，不管走到哪里，邮件都会不断地进来，想要创造一个不受打扰的环境，本身就是不可能的，“闭关”本身就无法成立了。我是采取一种“把自己封闭起来”的方式，在海外出差的那几天，把一切预约都推掉，住在同一个宾馆里写稿。

高桥　我的情况是，如果让我去温泉之类的地方“闭关”，就会更加悠闲自得起来，每一天都懒懒散散的。在日常的混乱中反倒能够坚持写一些。因此，每天都随身带着笔记本电脑来来去去，只能采取这种方法。

四、犯罪各论研究的必要性 179

西原　我想再回过头来谈一下犯罪各论研究的意义和必要性。比如说，近来，和业务过失致死伤罪相并列，增设了危险驾驶致死伤罪。在刑法各论的教科书中，对作为犯罪原因的醉酒驾驶、无照驾驶等违反道路交通法的行为进行援引，已是比较常见了。但是，在只有业务过失致死伤罪的那个时代，由于犯罪的原因不仅限于违反交通规则，范围是非常广的，刑法各论的教科书无法对这些一一进行介绍。于是，在那个时代，就提出“交通犯罪”这样一个范畴，来对刑法上的业务过失致死伤罪以及作为其原因的违反道路交通法进行体系性的表现。在这个过程中，必须树立“犯罪各论”的观点，这说得通吧？

高桥 正如您所说。

西原 按照这一思路，其他与之相类似的犯罪的范畴还有很多。比如医事犯罪、不动产犯罪，仅靠“刑法各论”没有办法把它们都容纳进去。

佐伯 是这样的。

180 **高桥** 像这样全景式的，对犯罪整体进行把握的书是很有必要的。

井田 毫无疑问是必要的。

高桥 但是这些各个领域的犯罪，发展到今天都在不断膨胀，比如经济犯罪、经济刑法，仅是这一项就很难把握得完全。

井田 一个人估计很难写出来吧？

西原 《刑法各论》对准备司法考试的人来说确实是需要的，但对其他一般学生来说，却不一定需要。

佐伯 确实是这样。

西原　但是这种书，还是有的话比较有意思。

井田　是的。

西原　我是这么觉得的，但是此后，像这样的书就再也没有人写了。

高桥　不是，那不是因为很难写嘛。

井田　没有相当的能力是写不出来的。

西原　写不出来啊。

高桥　很巧妙地把握好平衡，写得融会贯通，是很难的。也可以考虑采用对《犯罪各论》进行修订这种方式。

西原　谁愿意和我联名修订，我非常乐意交给他去做。 181

井田　只能采取让有相当实力的几个人相互协助的方式。

西原　如果不再是一本书，而是一套丛书，我觉得挺好的，但是估计出版社又会担心卖不出去，还是不行。

高桥　是啊。其实，我还考虑过特别刑法系列这类的东西……我觉得在实务上是非常有用的。

西原　像《犯罪各论体系》（全十卷）这样的，如果有，一定很有趣。

高桥　肯定很有趣。要不要策划一下呢？

西原 说人家像不像什么的，可能有些失礼。但是，外形基本一样的刑法各论多得像山一样，观点不同的各论却一本也没有，这是否才是问题所在呢？就算刑法学再怎么偏向刑法教育，这不是荒疏了刑法学是对犯罪的法学研究这一本质吗？过去，在大学纷争的时代，为了否定那些捣乱的学生，我作为一个刑法研究者重新对“国家刑罚权”从正面展开研究。如果不是那时候感到对国家刑罚权的发现形态进行体系化的必要性，也就不会产生对犯罪各论进行体系性研究的想法。在此意义上，《犯罪各论》和《刑法的根基与哲学》相并列，可以说都是大学纷争的产物。

182 五、 刑法修改事业

1．1956 年开始的战后刑法修改事业

西原 最后还是不能不触及刑法修改这件事。刚才说的全共斗运动兴盛的那个特殊的时代，从比较广的意义上说大约持续了 10 年。日本的刑法修改事业，恰好赶上了全共斗运动的极盛时期，这可以说是一种不幸，或者说是一种宿命吧。

稍微扯远一点，对战后的刑法修改事业进行一下概括。正如大家所了解的，战前曾经进行过刑法的全面修改事业，但是因为战争的原因中断了，以《修改刑法草案》这样一个形式作为总结，然后就停下来了。战前日本的刑法修改

事业，直接地是受到以德国为首的欧洲诸国发生的刑法修改运动的影响，其背景是所谓的近代学派的观点，一边是“犯罪”在后退，一边是更加重视“犯罪人”，相比犯罪论，把刑罚制度作为重点，这种动向必然要在刑法中有所反映。但是因为战争而未能实现，就此告终。

战后的刑法修改事业始于1956年，距离战争结束才11
年，在这样一个相当早的时期就开始了，这和下面要说的 183
这些背景有关。1956年的日本是一个什么状态，你们可能无法想象。这一时期，战后的混乱在某种意义上可以说基本平复下来，但当时的社会生活还不像现在这样，贫乏的状况在各个领域都依然存在。而且，战后引入的各种制度还没有完全平稳运行，对这些制度的评价也没有完全确立。尽管还处在这样一个时期，就启动了战后的刑法修改事业，其理由从正面来说，是战前的刑法修改事业的再出发这个意义上的。当然，战争才结束不久，经历了战败这样一个大的变化，再加上战后宪法的制定，价值观也有一个大的转换，考虑到这些因素，刑法修改可以说是当然伴随的。当时还有不少观点认为，重点应该放在新宪法的视角下如何进行修改，而不是对战前刑法修改的继续。

那么，1956年的刑法修改事业是以怎样一种形式开始的呢？当时，法务大臣咨询了作为法务省特别顾问的小野清一郎博士对刑法及刑事诉讼法修改的意见。不仅咨询了法制审议会的意见，还咨询了小野博士个人的意见。同时，还在法务省中设置了由少数学者和实务家组成的刑法修改准备会，由小野博士担任主席。因此，可以说，战后的刑法修改事业是以小野博士的刑法观作为基础的，从这个过程也可以看出来。

而小野先生强调的是战前开始的刑法修改事业的继续
184 和再出发。因此，对这个基本方针，从一开始就有人提出反对。但是在我看来，在刑法修改准备会那个阶段，包括后来脱离出来、对法务省的修改事业转为批判态度的平野先生在内，当时作为准备会的委员，都是非常积极地参与的。因此，在1956年那个阶段，虽然对基本方针在理解上有一些不同，但为了制定一部好的刑法，大家都是团结一致的，可以这么说。

接着，1960年3月，刑法修改准备会起草的未定稿公布了，结合批判意见进行修改，形成了1961年的《修改刑法准备草案》。对这个草案，当然也是各方都提出意见，在我的印象中，其中批判性的意见还着实不少。《法律时报》第365期将所有这些意见编成了《修改刑法准备草案的综合研究》，编成了一本464页的大著出版。当时意见的趋势，从这里面都可以察知。但这毕竟是“准备草案”，不是马上就要拿这个立法，因此作为学界也没有要一棒子打死的态度。

接下来，到了1963年这个阶段。这次是由法制审议会来审议对刑法进行全面修改的必要性。如果有这个必要性，就要把纲要拿出来，由法务大臣提出这一咨问。于是，在法制审议会中设置了刑事法特别部会，用于进行预备审议。在这种情况下，1961年的刑法修改准备草案当然就成为非常重要的资料。然后，1971年11月，特别部会经过八年半 185
的审议，公布了《修改刑法草案》这一成果。

最后，再由法制审议会这个更高一级的会议，对作为部会草案的《修改刑法草案》进行修改，1974年5月29日，形成作为法制审议会草案的《修改刑法草案》，作为战后刑法全面修改事业的最终成果予以公布。但是，由于后面将要介绍的那些事情，批判的声音实在太强，时至今日都未能出台，在这期间进行过现代用语化，就停下来了。1908年制定的刑法，只经过部分修改和追加，就这样沿用至今。

2. 修改刑法草案的公布时期

西原　值得注意的是，《修改刑法草案》第一次作为刑事法特别部会草案公布的时间，是在1971年。和前面谈到的对照一下，作为大学纷争的典型表现，像全共斗运动这样的社会动乱，作为一种异常现象表现于外，是1965年的庆应义塾大学学费斗争。1966年，长达6个月的早稻田大学学费、学馆斗争，又是这一现象的延续。接下来，直到

1969 年的大学立法，形势一直在不断激化。

186 多数大学，都以大学立法为分界线，此后就逐渐平息下来。但在早稻田，1972 年 11 月，校内又发生了私刑杀人事件，刚刚安静下来一点的学生运动又再度激烈复燃。这一事件可以说是派系间斗争的延续，其他派系发起运动，要将加害人所属派系赶出去，又和学校外的上部团体、校内教授会议的一部分老师发生联动，情况非常糟糕。我任法学部长的时候操心费力，就是在这个时期。这是 1972 年的事。事态基本得到平息，已经是 1975 年前后。算一算，大学纷争、学园纷争，还有社会动乱，持续了差不多 10 年的时间。我想说的就是，刑法修改事业和这种暴力横行的异常时期重合在一起，这是一种不幸，我一直这么觉得。

因为全共斗运动是一种无政府主义的革命运动，从国家权力这一方来看，为了与之对抗，必然会导致刑罚权的多用、刑罚的加重，必然会朝着这个方向发展。

针对这一现象，小野先生的刑法观发挥了什么样的作用呢？这是需要非常慎重地研究的。小野先生的基本立场，主张刑法是国家道义的体系的发现，是这样一种思考方式。如果一定要说的话，比起国民个人的权利保护机能，更重
187 视国家的秩序维持机能。这样一来，就必然要和把权利保护作为重点的观点之间发生相当决定性的对立。这种对立，在审议一开始的时候就存在。为了应对社会生活的变化，

应当重刑化、刑罚的多用化，这种倾向眼看着不断加剧。结果就是，对审议的基本方向的批判逐渐增强，实力雄厚的委员平野、平场两位先生不想再对此承担责任了，于是发生了脱离刑事法特别部会这样的大事情。

这其实是有前兆的。在此之前，当《刑法修改草案》尚处于逐渐成型的阶段，就已经结成了对此进行批判性研究的中坚学者的集团，是一个叫“刑法研究会”的组织。这里还有当时的资料，挺有意思的。这个是申请书。

佐伯　研究经费的申请书。

西原　是的。1970 年度综合研究 A 计划书，是科研经费的申请书。平场先生作为研究代表。

井田　阵容相当强大啊！

西原　平场安治、平野龙一、中义胜、福田平、内藤谦、中山研一、香川达夫、宫泽浩一、松尾浩也、大谷实、吉川经夫、森下忠、田宫裕、西原春夫。这说不定还是一份历史性的文件。成员都是当时学界的中坚，或者说还属于 188
年青一代。

高桥　还算年青一代吗？是中坚吧？

井田　先生您当时多少岁？

西原　嗯，多少岁来着？

高桥　40 岁左右吧。

西原　稍等一下，这个前面好像说过。1968 年到 1970 年，大学纷争的最盛时期我正好担任主管学生工作的教务主任，那三年正好是我的厄年。1968 年是前厄，1969 年是本厄，1970 年是后厄。

高桥　您是 1928 年出生的，当时应该是 41 岁。

西原　对，就是从 41 岁到 43 岁。

3．刑法研究会

高桥　是因为大家都持反对态度，于是组成的研究会？

西原　是的，提议进行批判性的研究。

高桥　批判性的研究？

西原　对，科研经费申请书上的研究目的就是这么写的，
189 “刑法修改案的批判性研究”。这个刑法研究会曾经多次集训、开会，最终出版了《刑法修改研究》第 1 卷、第 2 卷（东京大学出版会 1972 年版、1973 年版），就此结束。

成立这个研究会的设想，我猜可能是平野、平场两位先生受到当时德国的“反提案教授”（Alternativ-Professoren）组织的活动的影响。当时德国的刑法修改事业，是由刑法修改大委员会推动进行的，其成果就是 1962 年

《刑法修改研究》第 1 卷、第 2 卷

《刑法草案》。但对这个草案，刑法学界的中坚、新锐提出反对观点，起草了反提案。这些德国的动向，对日本恐怕也有所影响。我觉得，在平野、平场两位先生的头脑中应该是有这些的。

就如第一章所说的，1963 年萨尔布吕肯刑法年会结束 190
之后，中坚学者、青年学者聚在一起悄悄地商量。这就是为第二年年会做准备的最初一次聚集。顺便提一下，罗克辛说，萨尔布吕肯年会是他第一次参加刑法学会的年会。第二年 1964 年在汉堡举行的刑法年会，组成刑法大委员会的权威大家和青年刑法学者们的正面交锋，这些我当时都亲眼目睹，那可真是不得了。

井田 新秀罗克辛对泰斗韦尔策尔言辞犀利地批判?

西原 对，比如博尔克曼、恩吉施、加拉斯、耶赛克、韦尔策尔，这些在日本都非常有名的学者，都是大委员会的成员。阿图尔·考夫曼、鲍曼、阿明·考夫曼，还有罗克辛，对这些权威泰斗展开了猛烈批判，言辞非常激烈，想想看，真是不得了。平野先生、宫泽先生当时都参加了汉堡年会，目睹了这些。

但在1963年到1967年这个阶段，平野、平场两位先生也都积极地参加审议，为了制定一部好刑法而努力。我从德国回来是1964年，第二年9月也参加了刑事法特别部会，是作为干事，而不是委员。属于第三小委员会，是审
191 议保安处分的小委员会。平野先生也加入了这个小委员会，平野先生、吉川先生这些人。

井田 吉川先生也加入了啊。

西原 小委员长是植松正先生，实务家有横井大三检察官、户田弘法官，还有臼井滋夫检察官，他和铃木义男检察官共同担任刑事法特别部会整体事务局的负责人，再加上平野龙一、吉川经夫，除了我以外都是些响当当的人物。

佐伯 阵容很强大啊!

西原 成员都是一流的评论家。资料、统计、外国的实例

都会发给我们，讨论也非常有收获，也很有意思。其成果是，针对法务省的提案，称为 A 案，以平野先生为中心，吉川先生、户田先生还有我，起草了 B 案这么一个草案，两个草案都提交刑事法特别部会了。和 A 案在思考方法上是不同的，不过，B 案的起草者之间意见也有分歧，可以说是妥协的产物吧。

4. 围绕保安处分

西原　当时包括平野先生在内，主张像保安处分这类的东西也是需要的观点非常强大。但在大学纷争中保安处分成为激烈批判的对象，是在东京大学的医学部斗争，这也是 192
东京大学的大学纷争的开端。

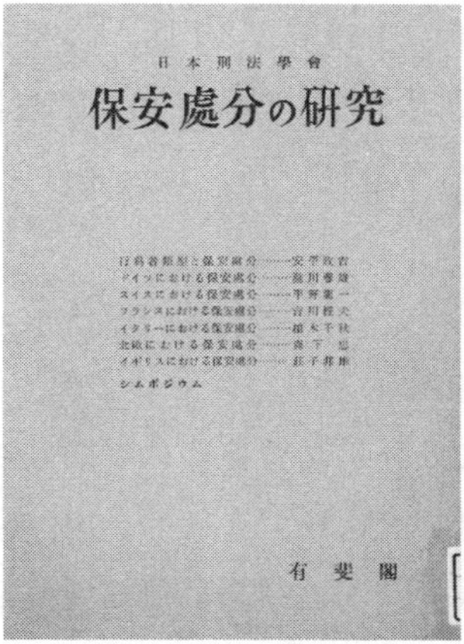

《保安处分研究》

医学部斗争的开端，是1968年1月开始实行的登记医师制度，这一新制度的公布成为导火索，对此医学部发动了罢工。对于医疗部这种体制，我们这些外部的人看来都觉得问题丛生，从很早以前就是。比如，在山崎丰子的《白色巨塔》中也有所反映，错综复杂的人际关系，似乎还带有一些封建的性质，确实是“密室”啊！在各个科室当中，外科、内科这样规模比较大的医疗部，传统的医疗部制度根深蒂固，问题虽然大，但发出批判的空间却小。与之相对，在精神科、妇产科这些规模比较小的医疗部，发生了激励的反对运动。尤其是精神科，是最大的据点。从医学部的罢工开始，东京大学的纷争就此拉开大幕，逐渐扩大，和校外的全共斗各派系发生联络，最终占据了安田讲堂。1969年1月18日至19日，8 500人的机动队包围了安田讲堂，使用水枪、催泪瓦斯，把过激派赶了出来。
193 这些画面整天都在电视上播。这就是东京大学安田讲堂事件。

在这一背景下，在东京大学的纷争中，以东京大学附属医院精神科的医生为中心，发动了保安处分反对运动。其主张是，保安处分是对精神障碍者的歧视。而且还不是简单的歧视，是有国家权力介入的，用国家权力推行歧视是不能够被允许的，于是掀起了保安处分反对运动。比如1970年春天的刑法学会年会，围绕刑事法特别部会小委员会举行研讨会时，他们就要求参加，这可了不得。这一年的年会正好轮到在东京大学举办，怕大学里发生危险，都没在大学里开，是在神田的学士会馆举行的。当时负责应对的是藤木英雄和我。藤木先生在东京大学的纷争中也是负责处理学生运动，和我在早稻田吃的是一样的苦，两个人因此都练就了一身判断状况的本领，于是就由我们两个人来负责应对。总之就是，先让这些要来参加年会的人把住址都写下来，然后因为这是刑法学会的年会，虽然允许他们参加，但是不允许发言。结果他们出乎意料地老实。

佐伯　刑法年会没能在大学里面开，这事我之前就听说过。但是西原先生和藤木先生负责应对，这还是第一次听说。

西原　第二年秋天在冈山举办年会的时候，也没能在大学
里开，是在冈山卫生会馆举行的，还是有过激分子蜂拥而
至。当时，广岛大学的年会负责人森下忠勃然变色，挽起 194
衬衫袖子说“我来阻止”，我忙说：“等一下，森下先生，
交给我们处理吧。”总之就是情况非常严重。

5. 保安处分反对运动的后遗症

西原　事实上，这一运动还对研究产生了非常大的影响。比如说，在此之前，我们学习的都是 19 世纪到 20 世纪之间德国的精神医学、心理学的成果，比如“精神病质”的

概念，“气质”的概念。而保安处分反对运动把这些全部否定了，主张这些概念的老师们都遭到围攻。听说专门研究精神病质的老师们被整得很惨。现在，精神病质、气质这些概念已经不再使用了。最近我作为矫正协会的会长，经常要去监狱、少年院等设施参观，医疗监狱已经不再使用这些概念了。

按照我当时学的，人的气质分为三种类型，每个人，肯定属于三种气质中的某一种，而且中途是绝对不会发生改变的。在当时，是分为癫痫气质、躁郁气质、分裂气质三种类型，只需经过非常简单的测试，就可以一目了然。而让我对气质分类有了切身体会的，是当时我夫人在大丸的人事课工作，那个时代已经开始在人事招录中采用科学的、心理学的方法了。她经过非常卖力的学习，说想要检
195 查一下我是哪种气质的。我自己也想知道，于是就接受了检查，结果说“你是典型的癫痫气质”。癫痫气质是怎样的呢？我自己查了一下书，平时精神状态十分安定，擅长交际，朋友也多，但是当出现了通常难以想象的情况，因此而发怒，就会造成无法收拾的后果。书上是这么写的。想一想，还的确是这样。我平常算是精神比较安定的，没有“躁郁”的一面，也不属于那种具有冷酷的计划性的分裂气质。但回想一下，因为突然发怒而失掉朋友的事情，确实发生过好几回。

井田　是吗？还有这样的事，您详细给我们说说。（笑）

西原　了解了原因之后，自己反省一下，失掉朋友那种程度的暴怒，可以分为几种模式，是有特定的状况的。当出现怎样的状况时，就容易发生怎样的事，这些自己是清楚的。于是，今后再遇到这样的状况，就赶快逃离那个场合。只有采取这种办法。有了这个本领在身，后来就基本没有再发生过类似的事。总之就是一个“逃”，虽然能逃得了，但这种气质是绝对没有办法改变的。

与之相对，躁郁气质是急躁状态和抑郁状态交错出现。 196
而分裂气质的人，能编出普通人难以想象的故事来，这其中还有被害妄想，那些计划性的、冷酷的案件，据说是这类人比较容易实施。相反，激情犯罪是像我这类癫痫气质的人比较容易实施。我接受的气质检测的说明就是这样。起码对我来说，我的气质和检查结果是非常一致的。

我认为，对于犯罪人的处遇，在考虑犯罪预防的时候，认为只要属于那种气质，谁都会同样地实施激情犯，谁都会同样地实施计划性的、冷酷的犯罪，仅这样考虑是不够的。既然可以对犯罪人的精神特性进行理论上的分类，就应更加认真细致地进行分类，根据各种不同的类型给予相应的指导。比如，对于具有我这样的特性的人，回想一下过去突然发怒的状况，将其类型化，当这种状况发生的时候就赶快从人堆里逃开，像这样进行指导，就可以达到犯罪预防的效果，我是这样认为的。仅仅批判气质分类的理论是不够的，我一直觉得这是一个问题。

关于精神病质，按照我们当时学的，是处于健全人和病人中间的一种有着异常性格的人。可以分为很多种，有分为7类的（克雷佩林），也有分为10类的（施耐德）。其中有一类叫自我显示型精神病质，如果以为他是喜欢说“我怎样、我怎样”，那就错了。诈骗的常习犯大多属于自我显示型精神病质。对自己编的故事，不知从什么时候开
197 始就当成真的了，因为是真的，所以特别能打动人心。如果是一般人，因为是编出来的故事，总会有假的成分出来，但他们却不会。有这样的例子，一个自我显示型精神病质的诈骗常习犯进了医疗监狱，竟然让专门研究精神病质的医生支持他的诈骗犯罪，就有这么厉害。

问题在于，无论怎么否定这个概念，这个概念所对应的实体都不会改变。从犯罪预防的观点来看，必须对这个实体采取某种应对措施。但是，歧视是不好的，这种思考方法本身是可以理解的。将该怎么处理也包含在内，在理论上这是一个问题点，我是这样认为的。

高桥　说到底，还是必须对犯罪原因论进行更加深入的研究。

西原　是的。

高桥　有必要把犯罪原因和处遇结合在一起。

西原　一定要结合。但是，不能因为当时处于异常时期，就说现在没有考虑批判的必要，今后也保不准还会再次掀起批判。即使当时是处于异常时期，他们毕竟是站在患者和家属的立场为他们说话。根据犯罪人的特性施以相应处遇和指导的必要性，以及出于保护患者和家属的考虑，这两者之间的平衡点在哪里，我们作为刑法学者，这是必须深刻思考的问题。但是要说还像当年那样是不是就可以了？ 198
我并不这样认为。这是今后值得各位研究的问题。

6. 刑法修改事业的总结

西原　听了法务省各方面人士的意见，我认为即使到了现在，保安处分仍有一定程度的必要性。虽然我是这么认为的，但说到保安处分的立法化，我却没有自信。对刑法的全面修改也是同样。站在今天这个时间点回过头去看，我觉得，无论是全面修改刑法的热情，还是反对全面修改的热情，都是那个时代的产物。像当年那样让人热情高涨的东西，现在是完全感受不到了。

那么是不是这两方的努力都没有意义了呢？我不这么认为。比如，对我们这些参与了刑法修改事业的人来说，在学问上有非常大的助益。对刑法学整体来说，也推动了刑法学的发展，使理论进一步深入。法务省一方是在积累了非常多的资料和理论的基础上起草的原案，要对其进行批判，学者们也必须有相应的资料和理论作为支撑。这一系列的观点冲突激发了理论的发展，我是这么认为的。这是刑法修改事业的成果。

井田　我想问一个问题。当时，作为推进刑法修改事业的
199 一方，法务省是以怎样的主观意图、目的去推进这件事的呢？学者中也有支持刑法修改事业的，他们的目的又是什么？是因为学生运动、劳动运动勃发，扰乱了社会秩序，为了将秩序恢复回来，必须有一部严厉而强大的刑法，是在这个主观意图指导下推进的吗？

西原　不是，我觉得也并非如此。我估计，以小野先生为首，这些支持法务省及其基本方针的学者，并不是以当时发生的异常事态作为前提来主张他们的观点的。我们批判刑法修改草案重刑化、刑罚的多用化，是以当时的秩序为前提来思考的，但那些支持刑法修改事业的人是没有这个意识的。这说不定就是双方意见分歧的一个分界线。

还有另外一个分界线，就是要不要把当时美国式的思考方式纳入其中，这也是平野先生的刑法理论的基础所在。当时在美国具有时代性的思想，比如强调“刑法的碎片

化”之类的。

这就与刑法是国家道义的体系性的发现这一小野先生的理论形成正面对立。此外，当时强调的“非犯罪化”这一口号，也与日本的实际情况不相符合，于是产生了排异反应，我觉得这也是原因之一。

说到这儿有点偏离主题啊。在非犯罪化这方面，让我
吃惊的是，中国目前的刑法真是完美的非犯罪化。比如微 200
罪，《中华人民共和国刑法》第 13 条作出了“但是情节显著轻微危害不大的，不认为是犯罪”的明文规定。再比如，单纯盗窃罪，只对“数额较大的，或者多次盗窃”的科以刑罚（《中华人民共和国刑法》第 264 条）。

还有违反道路交通法这样的行为，在性质上都作为行政违法行为，不对其科以刑罚。因此，仅有刑法的特殊附属法规，像日本这样的特别法犯则几乎没有。这样看来，中国在法律体系上是彻底的非犯罪化。与之相比，在日本，刑罚运用得非常多，比如《大气污染防止法》《水质污浊防止法》，像这样的法律都规定刑罚。这在中国是难以想象的。

不过，产生这种现象，也并非没有理由。因为在日本，对行政机关的信任是非常低的。对于写了《制裁论》（有斐阁 2009 年版）的佐伯老师来说，这是今后一项重要的工作。战后的日本对法院是非常信赖的，但对行政机关却觉

得不可信赖。因为信赖法院，就必然要多使用法院审理带来的刑罚这种法律效果。不能交给行政处分，这种思考方式战后一直都在延续。

201 但是不是这样就可以了呢？虽然现在“非犯罪化”这类词已经没有什么人用了，但刑罚权的对象是不是应该再限缩一些呢？我一直在思考这个问题。在中国，对人民政府、人民法院两者至少在形式上都是信赖的。当然，体制不同，也没有办法同样地进行评价，但在日本是不是也有必要这样呢？比如违反道路交通法支付的反则金，我就没听说过有人把这当做一个问题。这是今后需要你多研究的课题。

佐伯 的确，虽然和以前相比，罚金等行政制裁的适用范围更广了，但对于给予行政机关科处制裁的裁量权，警戒感还是很强。非常感谢您的宝贵建议。

六、 参与矫正、 保护方面的工作

井田 刚才，您谈到了参与刑法修改中保安处分的问题。在此之后，您又担任了法制审议会监狱法修改部会的委员、矫正保护审议会的委员、会长，现在担任矫正协会
202 的会长。关于矫正、保护这方面的工作，能稍微跟我们

谈谈吗?

西原　这也多少有一些偶然的因素。或许是因为我参加过刑法研究会，因此而受到影响。是怎么回事呢，我虽然作为干事参加了法制审议会的刑事法特别部会，这是为了刑法全面修改而设立的特别部会，但常设的刑事法部会，我却没有加入。

井田　这样啊，真是很意外呢。

西原　是没有加入。平野先生、平场先生、宫泽先生不也都没有加入嘛，可能也都是因为这个原因。不过，就我个人来说，还有一种可能性，就是我在大学行政方面占用了太多的精力，被认为已经远离刑法了，这方面的原因可能也是有的。不过按理来说，像我这样担任大学校长、有着比较广阔视角的刑法学者参与立法，是有必要的，我自己是这么认为的，但结果还是没有加入。究竟是因为参加过刑法研究会，还是因为当了大学的理事、校长，哪一个是主要原因，我自己也不知道，总之就是一种不清不楚的感觉。

虽然没有加入刑事法部会，但法务省中还是有一些人认为我是可用的。于是，就先作为矫正保护审议会的委员加入，后来又当了这其中的矫正保护部会的会长，最后还当了矫正保护审议会的会长，这样一个经过。

203 加入矫正保护审议会之后，我的感觉就是，这个审议会是法务省获得预算的手段。可以说是法务省矫正局的支援团。想想看，别的省厅都有和自己站在一边的压力团体，比如农协、医师会。比如说，像我们这些私立学校团体，也会向族议员施加压力，要求增加私立学校的资助。但是像监狱这样的，没有和它站在一条战线上的压力团体，整个法务省都没有这样的压力团体。结果就是，法务省矫正局要获得预算，只有矫正保护审议会能做它的支援团。我对自己的这个立场是非常清楚的，对委员们也是这么说的，为什么需要这个审议会，就是要对法务省的主张给予支援，以这种形式进行决议。对此获得的评价非常高，最后还让我作了会长，我觉得也有这方面的原因。让像我这样不是刑事政策方面，而是刑法方面的专家，从一开始就参加法制审议会监狱法修改部会，可能也是因为这方面的影响在起作用。

佐伯 我觉得这方面的原因可能是有的，但说到底，还是因为您的《刑法的根基与哲学》和《犯罪各论》这两部著作，和多数刑法学者所做的那种普通的解释学不同，是把刑法和刑事政策、犯罪人处遇联系在一起来研究，这些研究得到了公正评价的结果。

西原 可能是吧。

佐伯　是的，主要还是因为您有这样的研究成果，法务省因此对您有很高的期待吧，我是这么觉得的。

矫正协会

西原　最近我就任了矫正协会的会长一职。为什么会选中 204
我呢？我自己也不知道。大约是因为我当过早稻田大学的校长，又是刑法学者，在某种意义上有些分量吧。矫正协会有着128年的历史，历任会长中没有一个人是来自民间。我是第42任会长。首任会长是山县有朋，第二任是清浦圭吾。战前的会长都是由当过司法大臣的人来担任。大学的人担任会长，战后牧野英一博士是第一个。但牧野先生可以说是神一般的人物，而且是原帝国大学的教授，所以也不能说是纯粹的民间人士。而且最近这些年，让当过检事总长的人来担任会长又成为一种惯例。民间人士中产生的会长，一个也没有。

在此背景下，为什么我这样一个纯粹的民间人士历史
205 上第一次担任了会长，是因为民主党掌握政权之后，矫正协会成了“事业甄别”的对象。在矫正协会的业务中，购买用于监狱劳动的原材料，制成产品之后出售的业务，矫正协会该在哪一阶段介入，这样的业务委托给民间不就行了吗？民主党其实是主张这一方针的。

再加上民主党当政以后，高级官僚退休后到团体和私人公司任职成为批判的对象，这想必大家都还记忆犹新。这个问题最严重的本来是特殊法人，高级官僚退休后到同一系统的特殊法人中担任董事，和普通的经营者串通一气，本来能以较低的价格购入的东西，也要以高价买入，这样的问题确实是存在的。但却把所有的法人都扯进来，连矫正协会都成了“事业甄别”的对象。购买监狱产品这一块已经确定委托给民间去做了，在民主党政权下，按照这种形势，监狱劳动产品的销售这一块也将难保。为了保住这一块，因为高官退休到团体任职遭到批评，当过检事总长的前任会长自己提出退职了。继任人选要在民间人士中选一个有分量的人，于是就选中了原早稻田大学校长、原矫正保护审议会会长同时还是刑法学者的我，我是这么推测的。说到底，还是为了保护组织的人事安排。

结果怎么样呢，自民党重新掌握政权后，现在矫正协会已经明确不属于“事业甄别”的对象了，去年1月 206
已经成为公益财团法人，这个问题可以说已经基本解决了。因此我觉得我的任务已经完成了，但民间人士担任会长多少还是有一定的意义的，目前暂时还是继续干着。

井田　今天就到这里吧。

全员　谢谢。

第四章　重心转向中日刑事法学术交流

一、 和日本走向战败的历史相伴随的成长经历

高桥 今天进入最后一个主题——中日刑事法学术交流，想请您就这方面谈一谈。一直以来，您在中日刑事法学术交流中发挥着核心作用，请您给我们讲讲这个过程是怎样的。

听说您在少年时代是一个爱国少年，就请您从这儿开始谈起吧。

西原 从我从事刑事法研究和教学的经历来看，就如前面所说，是以和德国刑法的关联作为出发点的，以此为基础，以日本和德国为舞台开展研究、教学工作。但从1988年开始，又加上了和中国的这层关系，开始了和中国的刑事法交流。那一年在上海举办的“中日刑事法学术讨论会”是第一次，没想到一直持续到今天。我在这方面倾注的热情，甚至远远超过了日德交流。

为什么在我的人生中会突然加入了中日刑事法学术交流，想一想看，在我的成长经历中潜藏着几个相当重要的因素。如果不涉及这些，就没法充分理解我为什么要致力于中日刑事法学术交流事业。因此，咱们就先从一些过去的事谈起。

210 我生在1928年。今天再回过头看这段历史，这一年正是日本一路猛进走向太平洋战争继而走向战败的开始。从日本国内当时的情况看，在我出生的两天之后，3月15日，发生了共产党员1 600人同时被逮捕事件（“3·15”事件），又根据紧急敕令修改了《治安维持法》，在内务省设置了特别高等警察课（即所谓的特高警察）。可以说是为镇压舆论铺垫基础的一年。

皇姑屯事件（转载自日本读卖新闻战争责任查证委员会编《查证战争责任Ⅱ》，第8页）

从国际情况来看，作为第一次世界大战后日本殖民政策的重要一环，与山东半岛问题相关联，日本第二次出兵山东，发生了济南事件，与后来的伪满洲国建立相关联的皇姑屯事件也是发生在那一年。我就是在这样的一年出生
的。虽然纯属偶然，但不得不说，是背负着日本的宿命出 211
生成长的。

因此，比如说，给日本军国主义的发展带来重大影响的“二·二六”事件，当时我正在上小学一年级。因为我家和学校都在吉祥寺，离事发现场比较远，但学校里还是有一个同学的父亲和一个同学的祖父在这次事件中成为牺牲者。而被射杀的陆军教育总监渡边锭太郎大将，是我姐姐那个年级一位同学的父亲。还有一些同年级的同学，家就住在现场附近，跟我说了当时戒备森严的情况，感觉这件事就像发生在自己身边一样。

接下来，中日战争开始的时候，我在上小学二年级。到今天这个岁数再来看，可以说我是在日本的军国主义、国粹主义逐渐膨胀的过程中长大的，这在今天来看是非常清楚的。我是属于比较朴实的那种类型，对当时父母、老师、社会上说的那些都一本正经地听进去了，一句话，就是一个完全的爱国少年。因此，认为当时的战争是为了“正义”的战争，是所谓的“圣战”，对这些都很认真地相信了。说这样的话真的是非常失礼，在当时整个社会的大

环境下，认为中国和韩国过去虽然是伟大的国家，但现在已经被时代的发展淘汰，应该从属于日本，对这些军国主义思想都信以为真了。产生这样的结果，这就是教育的可怕的一面，这话放到今天仍然适用。

212 二、 战争结束时的冲击和17岁少年的心愿

西原　1945年8月15日，日本宣布战败。此后，和这么多年来从父母、老师那里学到的完全不同的事实被报道出来，尤其是日本在中国和韩国的种种行径被报道出来，这对曾经是爱国少年的我来说，冲击非常巨大。这个你们可能很难想象。不是有“价值转换”这么一个词吗，体味到这样巨大的价值转换，恐怕在明治维新之后还是头一次。

一直认为是正确的东西成了错误的，以为是不好的东西其实是好的，对于一个在这样的教育下长大的淳朴少年来说，冲击有多么巨大。而且当时正值17岁，渐渐明白事理，但毕竟没有完全长大成人，在人生最多情善感的时期体味到了战败的冲击，这对我来说也是一种宿命。

其实，后来的很多事情都源于此。我不怎么遵循通说，一面对通说的观点进行批判，一面构建自己的刑法学，根
213 源也就在于此。战争结束让我体会到，所有国民，包括老师、大人、国民全体都认为是正确的东西，其实是不正确

的。因此，从今以后，大家都觉得是正确的事情，肯定在什么地方有可疑之处，如果不这么想就是危险的，正是战争结束让我体会到了这一点。而且，我当时是个 17 岁的少年，反应是非常激烈的。战争结束的冲击给我带来的不仅是对大人的不信任，还有这样一个教训，“大家都说是正确的东西，肯定在什么地方有可疑之处，脑子里要有这根弦”。事实上，在此之后，我对通说保持一定的距离，通说认为是对的、大家都认为是对的，肯定在什么地方是有问题的，之所以会有这个想法，根源其实就在这里。

比如说关于共谋共同正犯，说承认共谋共同正犯的共同意思主体说违反个人责任原理，大家都根据这一条对其进行批判，那通说自身是不是把个人责任原理贯彻到底了呢？如果不对此深入研究，这个问题就没有办法弄清楚。我的这个观点，其实也是战争刚结束时我的那个想法的产物，这我是到后来才想起来。

这个先放下不说。我当时想到的是，对于中国、韩国等周边诸国，日本给这些国家带来了非常巨大的损害。用日语来说，“添了麻烦”这种表述和实际情况是符合的。但在汉语和韩语中，“添麻烦”却是一个非常轻的词。在这件事上，翻译本身的问题是一方面，不管怎么说，无论是有形的还是无形的，给这些国家带来了巨大的损害，这是不可动摇的事实。因此，日本的全体国民和整个国家， 214

都要对这些受害的国家进行赔偿。我当时是这样想的。现在，保守派的人将这种观点称为“自虐史观”，予以批判，但这是我非常率直的想法。当年这个率直的想法，到了今天也绝没有改变。而且，不是说仇恨会持续三代吗，持续三代的话，那么不仅是现在这一代日本人，到了下一代都必须一直偿还下去，这就是我当时的想法。

将青春时代的想法一生铭刻于心——早稻田大学校长时代寄语毕业生（1987 年 3 月挥毫）

但是，“现在我只是个 17 岁的少年，什么都做不了”，“等长大了之后，有可能就能以某种形式偿还了，到那时我可不能忘了现在的这份心情”，我当时的想法就是这样的。后来的很多事情，都是从当时这个心愿开始的。开始“中日刑事法学术交流”的背景，也是年轻时，17 岁时的这个心愿的体现，我这么觉得。

高桥　您当时是高中生，学校里的气氛有什么改变吗？学校的老师们、学校的体制，等等，有什么改变吗？

西原　这个嘛，大家都很困惑，不知所措。想想看，因为把错误的东西教给学生了。但另一方面，我还是感觉，老师们也和我一样被洗脑了。因此在内心里，也没有单方面地斥责他们的想法。虽然有对大人的不信任情绪，但却没有斥责、责问的情绪，实际情况就是这样。

井田　以战争结束为分界，之前自以为了不起、以权威主 215
义的态度对待学生的老师，忽然在态度上变得卑躬屈膝，有没有这样的变化？

西原　这个嘛，比如说过去担任军事教官的人，后来也继续留在学校了，也没有变得卑躬屈膝，但毕竟和之前有很大的不同。而对他呢，我觉得总还是能够理解他的，因此也没有责备他、非难他、瞧不起他的情绪。当时虽然各种想法、思潮层出不穷，但战争结束在意识形态的思想体系上撕开一个根本性的大缺口，只不过普通的成年人很难意识到这一点，我能够察觉大约也是因为心智还未完全成熟吧。还有一个原因，因为我是能够理解他人内心的文学少年嘛。但那些在战前就已经形成自己学说的学者，战后也没有加以反省，坚持原来的观点孤注一掷了，到基本人权万能的观点开始盛行的时候，就说这些学者是不可信赖的人，瞧不起他们。

井田 反过来，学生们对老师们进行批判，一直以来教给我们的都是假的，该好好反省，攻击老师们，这样的情绪有没有？

西原 完全没有，攻击的情绪是没有的。大约大家都觉得，这一切都是不得已的。想想看，老师们、父母们还有我们这些孩子，全都属于被害的一方，有一种共同的感觉，因
216 此内心中虽然有反弹，但外表上却没有反对和排斥。不过，这和对大人的不信任又是另外一个问题了。

三、为了和北京大学缔结学术交流协定第一次访问中国

1. 来自北京大学的提案

高桥 接下来，想请您谈谈具体是怎样和中国建立联系的。先从早稻田大学和中国的联系开始的，是吧。

西原 我和中国具体发生交集是在 1982 年。正好那一年的 6 月举行了校长选举，就任是在 11 月份，但选举是 6 月份。因为有之前的种种经过原委，我被推举为校长的候选人，在选举中当选了。在 11 月份就任之前，都继续在前任校长的领导下担任分管教务的常任理事。那一年的 1 月份，北

京大学通过中国驻日本大使馆发来一个提案，希望与早稻田大学建立学术交流关系。

现在日本的很多大学都和中国建立了交流关系，早稻田大学甚至和50所以上的中国大学缔结了各种形式的交流协定。但在当时，中国的大学希望和日本的大学建立学术交流关系，这还是第一次，日本也没有和中国的大学建立过学术交流，就是这么一个情况。作为我个人，听了这件 217
事之后，我觉得应该以一种积极的态度来对待。我当时想，这件事一定要找了解中国的老师们来商量，于是就找到了当时政治经济学部的教授、中国政治经济史方面的专家安藤彦太郎老师，还有他的夫人，正巧在法学部教中文、专攻中国文学的岸阳子老师，找了他们来讨论。讨论的结果是，应该接受这个提案。作为大学办理了必要的手续，校长选举结束后，6月份，为了参加和北京大学的交流协定签字仪式，我第一次访问了中国。在那之后，我总共去过中国60多次，而我的第一次中国之行，就是为了签订和北京大学的学术交流协定去的。

2. 早稻田大学和中国的关系

西原　北京大学为什么要在日本那么多的大学中，选中早稻田大学缔结协定呢？其实，早稻田大学和中国长期以来就有着非常紧密的联系，这一点在早稻田的创立者大隈重信的观点中也有所体现。

庆应的井田老师也在这儿。庆应义塾大学的创立者福泽谕吉先生采取“脱亚入欧”的观点，这是在大隈先生主张“东西文明的调和”相当之前的时代，是明治维新前后
218 的事。至少从当时的角度来看，日本人必须把欧美那样的合理主义的思考方法学到手才行。如果不这么做，日本就会成为其他先进国家的殖民地。日本为了确保独立，接受了合理主义精神，特别是必须培养能够在经济领域大显身手的人才，为此设立了庆应义塾大学。贯彻合理主义，亲欧亲美，“脱亚入欧”的思想就这样理所当然地产生了。至少在当时那个时代，这是非常容易理解的思路。

但明治维新大体是成功了，日本逐渐开始在包括亚洲在内的国际舞台崭露头角，仅靠“脱亚入欧”已经行不通了，这种观点开始提出来。尤其是大隈先生非常强调东西方文明的调和这一思想。发源于底格里斯、幼发拉底河畔的人类文明，分东西两个方向各自发展。向西的一支越过欧洲，越过大西洋，到达美国，又横跨美洲大陆、越过太平洋，到达日本。向东的那一支，通过丝绸之路，受到印度、中国、韩国等亚细亚文化的影响，到达日本。这两个方面的文化在日本发生碰撞，大隈先生主张的是这种观点。因此，日本应该汲取这两种文化各自的精华，实现国家发展，这是大隈先生的思考方式，特别强调东西方文明的

调和。

还有另一个方面的因素。孙中山先生在革命失败后流 219
亡日本的时候，曾多次造访大隈先生的宅邸，希望得到他的帮助，听说大隈先生也给予了他非常多的援助。甲午中日战争后，中国政府深感必须尽快学习日本文化，提出向日本派遣大量的留学生。日本政府也接受了，向各个大学提出要求，希望各大学设置“清国留学生部”。早稻田大学在相当早的时期就设立了“清国留学生部”，接收了很多留学生，有着这样一段往事。

在当时这一潮流中，早稻田大学不仅接收中国留学生，还非常致力于中国研究和汉语教育。举具体的人来说，青柳笃恒应该说是日本在这方面的开拓者，像这样的大权威当时就在早稻田。培养了很多会中文并且和中国有联系的人才。比如，松村谦三、中野正刚、绪方竹虎这些政治家，都是青柳先生门下培养的。

就这样，早稻田这所大学在接收留学生、中国研究以及汉语教育方面非常进步，这样的评价传到中国，又不断有中国的优秀年轻人来到早稻田，其中一个典型代表就是李大钊。李大钊是后来中国共产党成立时的创始人之一。
1914 年，李大钊在早稻田大学政治经济学部留学，住在早 220
稻田大学附近的那个叫什么来着，基督教的教会设施……

高桥 是奉仕园吧。

西原 奉仕园旁边的一个叫信爱学舍的基督教派的宿舍（在战争中因为疏散被拆毁了），他当时就住在那里。而在这个信爱学舍扮演宿舍管理人角色的，就是安部矶雄，是基督教系的社会主义，虽然不是马克思主义，但是社会民主主义的思想家。安部矶雄先生扮演宿舍管理人的角色，对李大钊来说，比起授课，在日常接触中受到安部矶雄的影响更大，据说是这样的。

但是，三年级读了一半的时候，李大钊受到未缴纳学费消除学籍的处分回国了。原因并不是怠于学业，当时正好是大隈先生担任内阁总理大臣，对中国强加了“二十一条”。这件事激发了中国人的屈辱感，在中国和日本都掀起了反对运动。李大钊在东京发起了叫神州学会的组织，在早稻田也组织了中国政治经济学会，几乎不怎么上课，投身于抗议运动。因为这些原因，受到前面所说的处分，在1916年5月回到了中国。

但他回国后不久，就当了北京大学的教授，20多岁就当了北京大学的教授，20多岁就任北京大学图书馆馆长。在他担任北京大学图书馆馆长时期，图书馆馆长办公室的
221 隔壁有一间很大的会议室，北京大学的很多年轻人秘密地聚在那里举行社会主义的读书会。

作者与时任北大校长丁石孙在李大钊铜像（北京大学校园）前合影

李大钊在日本的时候好像并不是马克思主义者，但回国之后，尤其是 1917 年俄国革命之后，渐渐地受马克思主义的影响越来越深。那个读书会，也是读这类书的读书会。当时，他就已经因为领导反对“二十一条”的“五四”运动而声名鹊起，此后，1921 年，李大钊等人在上海创立了中国共产党，成为中国共产党的创始人之一，1927 年被杀害。李大钊在早稻田留学的经历，也公之于世了。

其实，几年前，我还去李大钊在北京的墓地扫过墓，222
毕竟是早稻田的老前辈。在墓的后面，建有李大钊纪念馆，走进去一看，让我吃了一惊，早稻田大学的大限讲堂的大幅照片就挂在那里。旁边是他在日本读书时学过的书排成一排的照片，也挂在那里。事实上，李大钊在早稻田学习的时候，还没有大隈讲堂。是在李大钊被杀害之后，关东大地震之后的 1927 年建成的。但为了说明他在早稻田大学学习过，用在中国最有名的大隈讲堂的照片，还是最好的。

井田　（一边用笔记本电脑演示）就是这个吧？李大钊纪念馆，是有主页的。

西原　对，对，就是这里。因为有这层关系，在中国的有识之士中，早稻田大学就被贴上了这样一个标签，早稻田大学是李大钊学习过的大学。这是非常强烈的。当然，理由也不仅仅是这个，不过这是中国民众对早稻田大学的评价的核心，这一点是没有疑问的，我觉得。

井田　近些年，庆应义塾也努力致力于和中国的交流，但在中国还是没有什么名气，只有早稻田有名。因为没有知名度，着实费了不少心力。

223 **西原**　早稻田还有一个有利的方面，在中国人看来，“庆应”是什么，完全没有概念，不是吗？

井田　对。

西原　而说到“早稻田”，一种已经逝去了的、旧时的良好风貌就浮现在眼前。

高桥　是因为“稻”吧？

西原　是“稻”。不仅旧时的风貌浮现在眼前，早早地结出稻子，给人一种英才聚集的大学的印象，名字能够唤起人们的亲近感吧。这也是和庆应的一个不同之处。

井田　看来庆应也必须改名字了。(笑)

西原　也不能这样说。这个先放下不谈。我被选为校长的那一年，1982 年的 10 月 21 日，也就是在马上要就任校长之前，早稻田大学举行了创立 100 周年纪念典礼。在这个仪式上，要授予一些外国名人名誉博士学位。当时，和早稻田大学长年交流的波恩大学、巴黎大学的校长的名字都提出来了。我作为理事会的常任理事，建议应该从中国选一个人，我推荐了廖承志先生，他当时担任中日友好协会的会长。这又说来话长了，这位廖承志先生，1927 年的时候曾经就读于早稻田大学的附属高中，当时叫早稻田大学第一高等学院。而他的父亲，名叫廖仲恺，当年作为孙中 224
山先生的得力助手活跃于政坛，革命政府成立之后，在广州被暗杀了。这位廖仲恺先生也曾在早稻田的高等预科学习，但是不知道为什么，大学读的是中央大学。

井田　这样啊。

西原　是因为什么原因我也不清楚，总之就是曾经在高等预科学习过。而他的儿子廖承志先生，在读高等学院期间搞政治活动，被逮捕了两次，第三次逮捕时被驱逐出境了。当时正好是我出生的那一年，1928 年，在逮捕共产党员最

廖承志先生

严重的时候搞共产党活动，在那种情况下，早稻田当然也没法出面来管了。但当时的班主任老师每一次都作为保证人，去警视厅接他回来，而且早稻田大学作出的也不是退学处分，而是未缴纳学费消除学籍的处分。所谓未缴纳学费消除学籍，缴纳了学费之后还是可以再复学的，保留了这样一个回旋余地。因此，据说廖承志先生对早稻田的这种态度评价非常高，在尚未恢复邦交正常化之前，20 世纪 60 年代，就曾邀请当年关照过他的班主任老师夫妇到中
225 国，非常热情地款待了他们。不仅如此，廖承志先生还作为中日友好协会的会长，和松村谦三、石桥湛山、川崎秀二这些早稻田出身的政治家联系合作，为中日恢复邦交做了很多准备工作。因为他的这些经历和功绩，授予他名誉博士学位。正是在早稻田大学和中国长期以来的历史

发展中，有了和北京大学缔结交流协议这样一件事，虽然说来话长，但是有这样一个背景的。

3. 在北京大学的致辞及其效果

西原　说到这儿，又要稍微回到刚才说的 17 岁少年时的话题。其实，去北京大学履行签字仪式，到了之后发现，不知道为什么气氛多少有些紧张。我们这边也是莫名地紧张。为什么这么说呢？1982 年，距离“文化大革命”结束才仅仅 5 年，中国社会还不像今天这样，社会上还残留着一些“文革”时期的痕迹。也说不清楚为什么，总之就是那边空气凝重，我们这边也是气氛紧张。在这样一种气氛里，我作为早稻田大学的代表致辞，我是从前面说的我 17 岁时的那个心愿开始讲起，然后说：“我不是经济界的人，没有办法用金钱来偿还；我也不是政治家，没有办法用政治的形式来偿还。但是现在，我成为在日本有影响力的大学的代表，在这个位置上，我能够以推进中日学术交流的形式，对中国做一些贡献。今天，我就是带着 17 岁时的那个心愿 226
来到这里的。”我的这一席话，引起了非常强烈的反响，紧张的气氛一下子缓和下来，该怎么说呢，会场沸腾了。比如，北京大学外事处的人这样说，“早稻田大学坦诚相见了”，“人和人之间如果不坦诚相待，是没有办法往来的”，说了这样的话。心和心之间的交流一下子高涨起来。

还有这样一件事情。不知道各位还记不记得，那一年，恰好在我们回国之后，教科书问题发生了。一直以来在教科书中使用的“侵略”一词，不再使用了，这件事在中国和韩国遭到了非常强烈的反对，当时可以说是陷入了最糟糕的状态。因为不是国家制定的教科书，所以不能说是国家行为，但会被外界认为它所反映的是国家的方针。因此，作为国家必须采取应对措施，政府也向中国和韩国派遣了特使。总之就是，在缔结协定之后很快就发生了这么一件事。好不容易和北京大学这样一所能够代表中国的大学建立了密切联系，却发生了这样的事，北京大学肯定也很气愤，好不容易缔结的学术协定说不定也要取消。我这样想着，非常担心。就这样，在暑假结束的时候，一位夏天到
227 北京大学去做研究的老师回国了，给我打来电话，说有北京大学外事处给我带的口信，一定要来见我。我想着，是不是终于要解除协定了，一边做好这样的心理准备，一边等那位老师来。但那位教授的话，着实让我吃了一惊。

他是这样说的：“不管国家和国家之间、政府和政府之间发生了什么，至少我们北京大学对先生所领导的早稻田大学是绝对信任的，请代为转达。”口信的内容就是这样。我听了之后，眼泪止不住地往下掉。这就是中日交流的根本啊。虽然有人说这是自虐，但毕竟给人家带来那样严重侵害的是日本，被侵害的是中国。战争虽然有各种各

样的名目，各种各样的理由，但对遭受重大损害的民众来说，这些完全没有任何意义。如果调换一下立场想一想，很快就能明白。如果中日友好不是建立在对历史有着彻底反省的基础之上，肯定是没法得到对方发自内心的信任的，这就是那个口信所传达的意思。这句话让我铭刻在心，我推断，直到今天，北京大学和早稻田大学都一直秉持着这一精神继续学术交流。是有着这样一段往事的。

四、与上海市对外友好协会李寿葆会长决定 228
启动中日刑事法学术交流

1. 上海市对外友好协会的邀请演讲

高桥　在此之后，特定化为刑事法的交流了。

西原　这个嘛，我和中国的关系，在开始之后的前几年，还是以作为早稻田大学校长和中国的大学签署学术交流协议为中心。但前面提到的安藤彦太郎先生，和中国有着非常深厚的关系，通过各种方法，为深化早稻田大学和中国的大学或组织之间的联系而努力。我当时还不知道，在上海有对外友好协会这样一个组织，和上海市政府关系非常紧密，在人事任用上也经常互有往来，就是这样一个组织。大的城市都有对外友好协会，但据说上海的这个协会财力最为雄厚。这个上海市对外友好协会，还有前面说过的廖承志先生担任会长的在北京的中日友好协会，请这两个协会的翻译到早稻田大学进修日语，在此期间了解日本各方面的情况，这个计划就是在安藤先生的提议下得以实施的。

李寿葆先生和作者

因为这层关系，在我就任校长的第四年，也就是1986
229 年，上海市对外友好协会邀请我过去演讲，在那里我第一次见到了李寿葆先生。李寿葆先生外貌上和一般的中国人长得有些不太一样，担任中国的基督教团体的领导，和美国有着深厚的联系，是这样一个人，考虑问题非常宽广全面。就这样，我和李寿葆先生一见如故，在演讲之后的第二天，去了附近的杭州和绍兴。就是绍兴酒的那个……

高桥 绍兴酒啊。

西原 就是出产绍兴酒的那个绍兴，是文学家鲁迅还有著名的女革命家秋瑾的故乡。李寿葆会长陪我去那里参观，是一个非常漂亮的水乡。在去绍兴的火车上，我们聊了很多，就是在那趟列车上，我向李寿葆会长提出开始中日刑 230
事法学术交流的提议。

2. 中国的刑事法

西原 刑法是一个国家的基本法，因此在通常情况下，新的国家成立后，首先要把宪法、刑法、刑事诉讼法、民法这些法律制定起来，这是理所应当的。但令人惊讶的是，在中国，新中国成立是在1949年，但直到1979年，“文化大革命”结束之后的几年，刑法和刑事诉讼法都是没有的。这是有原因的，在传统上他们认为，秩序本来就不是由法律，而是由道德来维护的。在“文革”期间，认为应该用社会主义伦理来维护秩序，法院不是依据法律来裁判，而是通过所谓的人民裁判，来反映人民的意志，决定处罚和损害赔偿，当时认为应该是这样子的。正是因为这样，30年来都没有刑法，也没有刑事诉讼法。

但是，“文化大革命”期间，对被认为是特权阶级、资本家、反革命分子的人实施镇压，造成了严重的后果。在这种情况下，即使在中国，如果没有法律，会发生什么样的严重情况，已经是一目了然，于是，在“文化大革命”结束之后，制定了刑法和刑事诉讼法。那是在 1979 年，新中国成立后第一次制定刑法。

231 **3．刑事法学术交流的提案和实施**

西原　在火车上，我对李寿葆会长说：“想一想看，刑法制定才过去 10 年，但也可以说都已经过去 10 年了。虽然日本和中国在思想上和法律制度上都不一样，但刑法却是人类共通的部分，中日两国开始刑事法学术交流怎么样?”我预想他可能会回答“这个主意很好，我们考虑一下”，我估计是这种程度的答复。但李寿葆会长说的却是：“这个主意很好，明年就办吧。”“明年就办吧，经费由对外友好协会承担。”当场就给出这么痛快的答复，着实让我吃了一惊，于是说定了先在上海办。回日本之后，我和当时刑法学会的理事长、现在担任法务省特别顾问的松尾浩也先生，
232 还有平时就关系很好的宫泽浩一先生商量了，都认为一定要办，但是明年办有些太紧张了，于是就按照后年办来准备。1988 年在上海，“中日刑事法学术讨论会”召开了。

这不仅在战后历史上，在中日两国的历史上都是第一次。法学领域，而且是刑事法领域，不仅限于刑法，还包括刑事诉讼法、刑事政策、审判、监狱这些都包括在内，其中包含很多非常敏感的问题。当时，国际社会对中国有过于滥用死刑的批评，对搜查和审判阶段犯罪嫌疑人、被

李寿葆会长（左）（在去杭州的火车上）

告人的人权保护方面也有严厉批判。在这种情况下，讨论会能够顺利召开，全靠李寿葆会长的远见卓识和先见之明， 233
非常感谢，也非常敬佩。

中日刑事法学术讨论会

日本方面，松尾先生、宫泽先生都参加了。对中国方面，我们提出，虽然在上海举办研讨会，但是不要局限于上海的学者，希望把中国的一流学者都聚集起来。事实上也做到了这样，举办了一次非常成功的研讨会。不过因为是第一次，重点主要放在两国的制度现状是怎样的，现有制度的形成过程是怎样的，这些制度是怎样运用的，自始至终都是对现状的介绍，这也是事实。因为是第一次举办，这也是理所当然的，而且获得了通过别的渠道所无法得到的信息，还是非常有意义的。

五、 中日刑事法学术讨论会之后

1. 第一次中日刑事法学术讨论会后继续举办的提议

西原　我们本来没有想过要一直办下去，当时想的只是至少先把这一次办了。但研讨会结束后，中国方面觉得这种学术交流非常有意义，希望一定要举办第二次。于是就决定了至少再办一次，放在第二年，1989 年在东京举办。有了这个约定。

234 但 1989 年的讨论会延期了。到了第二年，1990 年 3 月，通常情况下应该是在 6 月份举办，3 月份在早稻田大学顺利举办了第二次。同样收到了非常好的反响，于是决定作为持续性的研讨会办下去，会议地点一年在日本，一年在中国，交替举办。这种形式的中日刑事法学术讨论会一直延续到第六次，第六次是 1998 年在爱知大学举办的。

我组织了非正式的日中刑事法研究会，我作为会长。

说意外可能是有些说过了，不仅得到了松尾先生、宫泽先生这样和我同一辈的老朋友的大力支持，以去世了的西田典之先生为首，山口厚、伊东研祐这些东大派的老师们都非常积极地给予协助，一直到第六次，都是以这种方式举办的。从第七次开始，形式上有了一些改变。

高桥 中日讨论会的成果，都由成文堂出版了。作为《日 235
中刑事法学术讨论会报告书·全十卷》，从第一卷到第六卷都使用了《中国刑事法的形成与特色》这个共同的书名，从第七卷开始，都是以每一届的研究主题作为书名。

《日中刑事法学术讨论会报告书·全十卷》

西原 是的，非常难得。从第一卷到第六卷都是中国方面的各个演讲报告的日译本，第七卷以后，中日两国的全部演讲报告都予以收录，把整个活动都完整地记录下来，作为会议记录已经很完美了。这十卷书摆成一排，对“坚持就是力量”这句话有了切实感受。

2. 中国方面的变化

高桥 我也参加过很多次，感觉中国方面的讨论水平有了很大的进步。从最初的时候开始，是不是就是在逐渐变化的?

西原 对。1988 年刚开始的时候，该怎么说呢，发言的议
236 题虽然不一样，但感觉说的内容都像是一样的。打倒反革命势力、遵照国家的方针悔罪改造、改造的内容是思想教育，一说到这些地方就忽然振奋起来，声音也提高起来，把这类党和国家的纲领似的东西正面予以提出。的确，对事实的说明也是客观的，这也奠定了讨论的基础，但说到这些的时候就只是淡然地报告，没有那么亢奋。

这种情况得到改变是在 20 世纪 90 年代中期，具体是怎么改变的呢？在此之前，中国人都是，怎么说呢，团结得坚如磐石，所有人阐述的都像是同样的见解。但是到了 90 年代中期，中国学者之间开始展开讨论了。比如，“你所说的是不对的”。在报告中也是，“对于这个问题有 A、B、C 三种学说，我基于怎样的理由采取 B 说”，会这样进

行说明。此前从没有过的情况在 90 年代中期之后开始出现了，这是很了不起的。才仅仅过了 10 年都不到，研究的问题领域有了很大的拓展，思想自由、言论自由的程度也明显扩大。在不违反一些基本原则的范围内，相当程度的言论自由已经得到确立，这一点可以很明确地说是的。因此，学术在这 10 年之间得到突飞猛进的发展，从这个研讨会也可以看出来。

3. 举办方式的变革 237

西原　20 世纪最后一次研讨会是 1998 年举办的。恰好从那个时候开始，其他城市，比如北京、武汉的学者开始提出，“不要光在上海办，我们那里也想承办”。为什么要从上海开始起步呢？我是有理由的。不仅是因为上海市对外友好协会提供资金，投入了大量资金，筹备举办了高规格的学术研讨会，不仅是因为这些原因。至少在当时那个年代，我感觉，北京和上海思想的自由度还是不一样的。虽然已经改革开放了，但先在思想更加自由的上海积累经验会更好，我当时有这个考虑。到现在我依然觉得，从上海开始这个决定是没有错的。等渐渐地言论自由扩大了，学术发达了，其他城市也会希望承办，这当然也是可以估计到的。还有，作为资助者的上海市对外友好协会的会长换人了，感觉没有以前那样有热情了，这也是一个原因。

于是，第七次由北京大学承办。借这次机会，在组织上也进行了更替，中国方面由中国人民大学的权威泰斗高铭暄先生担任会长，由当时还在中国人民大学的赵秉志教授担任秘书长，成立了一定的组织来负责这项事业。参加的学者来自中国各地，举办的地点每年都是轮换的，作出了这一决定。

238 还有一项改革，就是研讨会的主题。在第七次以前，都没有确定一个特定的主题。不确定主题，刑法、刑事诉讼法、刑事政策方面有哪些有特色的问题，相互进行报告，当年就只是这样而已。但从第七次开始，限定在了刑法领域，每一届的研究主题集中在一个。于是，第七次以“中日比较过失论”为主题，在北京大学举行。这是总第七次，进入 21 世纪的第一次。

中国方面想着重强调这一次是在新的制度之下举办的，提出希望将北京的这次研讨会称为 21 世纪首次。但是，我们主张把举办了 6 次以来积累的经验和实绩充分体现出来，于是就采取了“中日刑事法学术讨论会（总第七次）”这种形式。

此后，第八次在武汉大学举办，以“共犯理论和有组织犯罪”为主题；第九次在日本京都同志社大学举办，以“日中比较经济犯罪”为主题；第十次在吉林大学举办，以“危险犯和危险概念为主题”，都办成了非常成功的高

第七次中日刑事法学术讨论会

规格学术研讨会。第十次讨论会的报告书的末尾，将从第六次到第十次讨论会的详细情况进行了综合汇总。中国是一个情况比较复杂的国家，大家对这一点也都很有感触吧。连我自己都觉得做了一件很了不起的事。

但第十次以后，中国方面出现了一些情况，受到这些
影响，在组织上也出现了不稳定，于是提出，一直以来的 239
这种方式是不是就到此为止了。作为我来说，中日刑事法学术交流已经完全走上正轨了，今后由各个大学举办也是完全可以的，已经发展到这样一种状况了。今后以各个大学作为主体，由大学来组织都没有问题，我是这么觉得的。而且我也不可能一直干下去，不然哪一天我倒下了，就有后继无人的危险，必须逐渐地培养继承者。在这个宗旨下，

我把日中刑事法学术研究会会长的职务交给了西田先生，改为由各个大学来举办。此后，日本方面分别在东京大学（2007 年）和中央大学（2011 年）举办了两次。

高桥　今年（2015 年）还要在早稻田大学举办。

240 **西原**　今年是在早稻田啊。这期间，在中国也有举办吧？

高桥　是的。在东京大学和中央大学举办的讨论会中间，在中国人民大学举办了一次（2009 年），前年又在西北政法大学举办了一次（2013 年）。

西原　这样说来，后来可以说进展也很顺利嘛，这我就放心了。我自己自卖自夸，大约 15 年来投身这项事业，为中日交流铺路的角色已经完全完成了。

此外，就我自己来说，本来在刑事诉讼法、刑事政策领域也想以同样的方式来搞。在中国，刑事诉讼法领域的情况相对复杂，在当时还很难开展这种学术交流活动，因此就暂时敬而远之了。但是，在犯罪学领域感觉可以搞，于是我就找到了之前就比较熟悉的中国政法大学的王牧先生，以王牧先生担任会长的中国犯罪学会为基础，日本方面以早稻田大学的石川正兴老师为代表，启动了中日犯罪学学术讨论会。这个也是由成文堂将讨论会成果出版。到现在应该已经举办三次左右了。2006 年在四川省绵阳市举行的中国犯罪学会年会上，设置了“中日学术交流单元”，实质上就是中日犯罪学学术讨论会的预备会议，这个会议我也参加了，为会议致辞并作报告。佐伯老师也参加了吧。虽然此后我就故意不参加了，但我对这个研讨会的启动做了一点小小的努力，还是希望得到承认。

佐伯　绵阳举办的会议我也有幸和您一同参加。这次会议 241
是刑事政策领域的第一次中日学术交流，印象非常深刻。会后，还和参会的老师们一同到四川省的三星堆遗址参观，留下了美好的回忆。中日犯罪学学术讨论会现在在石川老师的组织下发展得非常顺利，形成了大量的研究成果。我觉得，这些都得益于西原先生和中国的学者们构筑起来的信赖关系。

4. 在中国举行伞寿祝贺刑事法学术讨论会

高桥　先生您曾多次去中国演讲，伞寿时的祝贺纪念研讨会在中国也举办了。

西原　是的，正好是我80岁那一年，2008年。让我吃惊的是，中国竟为我举办了祝贺我80岁的刑事法学术讨论会。日本方面，高桥老师也去参加了。中国方面，以马克昌、高铭暄两位泰斗，陈兴良、张明楷两位中坚为首，知名学者都来了。这个真是很难想象。可能还是因为我长期致力于中日刑事法交流事业，在这方面的辛苦得到了中国方面很高的评价吧。地点是在……

242 **高桥** 山东大学吧。

西原 对。我的好朋友马克昌先生在武汉大学的弟子，当时在山东大学任副教授的于改之老师，为研讨会的举办做了很多准备。会后，还出版了《刑法与道德的视界交融》这样一本文集，以当时研讨会的记录为中心，还将我的一些论文、演讲稿译成中文，收录进去，在中国出版。

伞寿祝贺学术研讨会

在这前一年，2007 年 5 月，武汉大学还有在西安的西北政法大学这两所大学，也为我举办了 80 岁的祝贺会，举办了纪念演讲会。在中国，为外国人举办这样的祝寿活动好像还是比较少见的。对我来说，特别高兴，也特别光荣，这是我的一个骄傲，我觉得。而且，运气也很好。

六、 通过安田基金培养知日派刑法学者 243

高桥 除此以外，先生您通过安田基金，为中国的青年刑法学者创造到日本学习的机会，我觉得这一点也很值得一提。

西原 高桥、佐伯两位老师那里都接收过安田奖学金生。1991年，过去安田财阀的相关人员成立的“和风会”捐献了1亿日元，以此作为基金，设立了“安田和风纪念亚洲青少年交流基金”这样一个公益信托基金，我受邀担任这个基金的运营委员会的委员长。委员由三人组成，另外两位一位是庆应的小此木先生，还有一位是上智大学的今井先生，是一位女老师。

关于这个基金该怎样使用，运营委员之间讨论的结果是，虽说是青少年交流基金，但1亿日元也没法办成很大的规模。考虑到奖学金的效果，如果把奖学金的对象放在本科生，能发挥多大的效果还很难说。如果把奖学金对象放在研究生，硕士生阶段成果还不会太明显，最能显现出效果的，就是让他们在写博士论文的过程中到日本来做研究。这些人以海外研究作为博士论文的基础，比较容易获得博士学位，获得博士学位了，就职也就比较容易。于是，三位运营委员讨论的结果是，以在读博士生为中心进行遴 244

选，给予两年的奖学金支持。暂时先不将面放得过宽，中国、韩国和其他东南亚国家各选一人。正好小此木先生是韩国方面的专家，就由小此木先生推荐韩国的候选人，我推荐中国的学者，今井先生从其他东南亚国家推荐，就以这种形式启动了。

这次座谈中，有好几次都谈到了偶然是怎样影响事物的发展的，这里又有一件类似的很有意思的事。正好在我担任这个运营委员会委员长刚刚两周左右的时候，和我关系深厚的德国马克斯·普朗克外国刑法和国际刑法研究所的耶赛克所长来了一封信：我这里有一名叫李海东的优秀的中国学者，在我这边完成了博士论文，但是因为一些原因，暂时没有办法回国。于是我就对李海东说，即使你回国继续从事刑法研究，因为是在亚洲做刑法研究，有关日本刑法的知识还是需要的，而且掌握了日语，对今后也是非常有好处的。不如在此期间就在日本学习，我这样劝他。他也说希望这样。顺便问一下，你能不能从什么地方给他联系一下奖学金？信的内容就是这样。这是在我接受运营委员长职务之后两个礼拜的事，像这种事，就是命运吧。
245 我立刻给耶赛克写信答复，正好因为有这样一回事，我负责推荐来自中国的学者，我就推荐他，我这边接收他。后来给他提供了每个月 15 万日元的奖学金，一共是两年时间，接受安田奖学金的资助在日本留学。

埃泽尔教授（右）和作者

而这件事又引出了后来的事。正好是李海东在早稻田期间，1993 年，马克斯·普朗克研究所的后一任所长埃泽尔教授给我来信说："马克斯·普朗克研究所正在围绕违法阻却和责任阻却这一主题，和各国开展共同研究。比如，德国和美国、德国和俄国、德国和东欧诸国，采取这种形式开展比较法研究，接下来准备搞德国和亚洲的共同研究。能不能请你组织一下？"来了这样一封信。我跟埃泽尔所长说，整个亚洲范围太广了，没有办法做，如果把范围限定 246
在东亚，我在日本、中国、韩国都有朋友，应该可以办得成。所幸的是，中国台湾地区和韩国的学者在德国留学的人比较多，比如在马克斯·普朗克，会德语的人能够比较容易地召集起来。因此我就回复他，如果是德国和东亚的学术研讨会，是可以办的。这个也已经举办了，是历史上第一次。尤其是韩国，当时正好赶上日韩两国刚刚恢复邦交正常化，像这样在国际舞台上亮相也是第一次，在早稻田大学举办了一次非常成功的学术研讨会。

当时，比较难办的是中国。当时中国开始改革开放时间还不是很长，既懂德语又懂英语的人很少。这时候李海东就发挥大作用了。如果不是因为有李海东这样的人，邀请中国的学者来参加研讨会将是不可能的。我和李海东商量从中国邀请谁来参加，他建议请高铭暄先生。这个人的名字前面也提到过，他是中国刑法学会的元老之一，换成日本来说，就是像团藤重光一样的人，也是李海东在中国人民大学的恩师。李海东建议请他作为代表，来参加这次研讨会。此后，高先生和我建立了长期的深厚友情，这都是从那次研讨会开始的。这次研讨会的成果由马克斯·普朗克研究所出版了，质量非常高。

总而言之，李海东成为安田基金奖学金生的第一位。自此以后，奖学金生的数量定为原则上每年三人。刚开始
247 的时候，没有对研究领域进行限定，仅是限制在政治经济这些社会科学领域，启动的时候并没有限制在法律这一领域。就我个人来说，最初的几个人是从比较宽的领域推荐的，逐渐缩小到刑法这一领域，大约到第五批、第六批的时候，就限定在刑法领域推荐了。这些年来，奖学金生已

经积累了20多人，在中国刑法学界成为重要力量，这些人成长迅速，成为各个大学的新锐和中坚力量。

在日本，这些奖学金生也有一些是带夫人过去的，还成立了夫人之间的俱乐部组织，名字叫“西原famliy”。以前在成文堂担任编辑部长的本乡三好先生，他现在人在北京，在中国人民大学工作。这个本乡长期协助我寻找奖学金生的候选人，写给指导教授的推荐信，等等。不仅承担了我的秘书性质的工作，还有比如说到成田机场接新来的奖学金生，看他们的生活过得好不好，给予他们援助，周日的时候带他们去筑波山，在生活上给予他们很多关照。因此，对这些留学生来说，本乡先生比我更亲近。于是，由本乡先生任秘书长，成立了西原之家协会，每次我去中国的时候就举行聚会。不光是以前的安田奖学金生，和我关系比较好的重要学者也来参加，热闹得不得了。

就这样，日本刑法学在中国的影响力扩大，这个基金 248
可以说是扮演了非常重要的角色。比如说，现在中国关于犯罪论体系的讨论，过去受苏联影响确立起来的区分主观要素和客观要素判断犯罪成立与否的思考方式被认为是不充分的，是不是要引入构成要件的概念，是不是要把违法和责任分开来考察，采取这种德国式思考方式的人队伍越来越强大。而在此过程中，对德国的学说进行过充分讨论的知日派学者的作用，越来越得到凸显。起码，在中国的法治主义国家理念形成过程中，我不仅以中日刑事法学术讨论会这种形式做了贡献，在培养青年学者、推动日本刑法学对中国的影响方面，也以我的方式有所贡献，我是这样认为的。

七、 对此前的总结和新的计划

1. “中日刑事法的过去和未来” 学术研讨会

高桥 刚才您提到的把中日刑事法学术讨论会和安田基金奖学金生联系在一起的活动，预定近期就要举行了。

左起马克昌先生、作者、高铭暄先生（转载自《马克昌文集》，2012 年版）

249 **西原** 估计那时候这本书就已经出版了。今年的 5 月在北京，将举办以“中日刑事法的过去和未来”为主题的学术研讨会。我在中国的老搭档之一，前面提到的高铭暄教授，按照中国的计算方法，今年我和高铭暄教授两个人都要迎来88米寿之年。于是，为中日的两位元老教授祝贺米寿，把这层意思也包含在内，策划了这场学术研讨会。为什么说这个活动把中日刑事法学术讨论会和安田基金奖学金生联系在一起了呢？的确，二者本来是没有什么关系各自推进的，但奖学金生的候选人逐渐成为中日刑事法学术讨论会的人脉基础，渐渐地就发展出了关系。

这次学术研讨会的核心，就是曾经接受安田基金资助赴日本留学的中国刑法研究者，其总数已经超过23人，其中大部分都已经成长为中国各个大学、研究机构的主要成员。以这些人为中心，因为这些奖学金生都是从当年的在 250
读博士生中选出来的，让他们在中国的指导教授坐在一侧，接收他们、关照他们的日本指导教授坐在另一侧，研讨会的成员就是这样一个构成。中日两国的这些指导教授，不仅长年关心、致力于中日学术交流，现在在两国的刑法学界也都处于领导位置，而两位元老教授在前面牵头，发挥引领作用。通过这个研讨会，就把过去30年来中日刑事法学术交流的深度反映出来了。通过大众传媒，让世人了解，中日在以这样的形式切磋琢磨、相互勉励，使交流不断深入，这是让外界了解的一个很好的机会。

佐伯　我也作为相关人员受到了邀请，非常期待去参加。

井田　听主办方说，这次的学术研讨会带有对之前的活动进行总结的性质，但先生和中国的缘分还远远没有完结。

2．“东亚国际法秩序研究协议会”的启动

西原　是啊，感觉没有完的意思啊。事实上，从今年 4 月开始，和外务省合作，启动了在东亚确立国际法秩序的研究协议会，包括具体的行动在内。这是我从去年以来，一边和外务省谈判一边计划设立的，计划在国际交流基金作
251 为一个 3 年的项目立项，如果能够以这种形式得到财政支持，就要具体开始启动了。委员和顾问由国际法研究者，包括中国研究者在内的国际政治研究者约 30 人组成，前首相福田康夫担任名誉顾问。我担任协议会的主持人，因为在这个问题上，和中国的关系最为微妙，也最为重要，如果不是因为有长达 30 年的学术交流积累起来的信赖感，是不可能和外务省谈判下来的。

现在东亚政治局势不稳定，这个问题的根太深了，不得不说，是一个极端困难的问题。那下一步能够做些什么呢？我认为，需要通过法来实现秩序维持，要确立这个共同认识。无论哪个国家，对此都无法说不需要。因此，从这个方向出发，将共同承认的领域尽可能地扩展，如果有尚未达成共识的部分，把理由说明白，交给国际性的讨论。

我认为这个讨论方法是最现实的。

这个研究协议会，第一，对各国在争议问题上的主张，虽然讨论，但是并不作出结论，把自己主张的根据是什么，通过国际法学者的嘴充分予以明确。第二，如果一上来就开国际会议，有可能会吵起来，或者相反，把问题留待今后继续讨论，仅作出这样一个结论就完了。因此，暂时还是不开国际会议。第三，各国按顺序组成同类的组织，也 252
就是包括国际法学者在内的由数人组成的小组，目前暂时日本会参加讨论，将各国主张的对立点予以明确化，进行调整，寻找适当的时机召开国际会议，就是这样一种方法。现阶段，我考虑采取这种审议方式。

井田　虽然亚洲各国都共同认识到这个问题的重要性，但是每个国家都站在自己国家的立场上提出主张，这样问题就迟迟无法解决。如果这个计划能够付诸实践，虽然可以预见困难会很大，但却是迈出了非常重要的第一步。

高桥　虽然是事关国家的大事，但负责讨论的却是民间，这个设想真的是很符合先生您的风格。

西原　我的想法是，外交本来应当是由国家负责的，但也要分是什么问题。在有些情况下，国家出面解决不了的问题，民间却能解决得了。在这种情况下，也不是说到民间，就一定要和国家的立场保持距离开展活动，这样就成了二元外交了。这次的策略有可能成为民间外交的一个模板吧。

佐伯　从当前的国际政治局势看，对日本来说，即使派了很了不起的政府人员，只要是站在政府的立场上，就很难得到信任。在这一点上，您通过长期的努力得到了来自中国学界的信赖和尊敬。因此，换做其他人是难以做到的，
253 如果是您就可以做到。期待计划取得成功。

八、 西原先生的印象

佐伯　我有好几次和西原先生一起去中国，有两个深刻印象。一个就是刚才说的，西原先生和中国的老师们有着深厚的信赖关系。正是因为您和高先生、王先生深厚的信赖关系，交流才得以推进，这一点真的是印象非常深刻。

西原　从外表也看得出来吗？

佐伯　是的，这个真的看得很清楚。还有一点，先生真的是精力非常充沛，从早上开始参加研讨会，一整天听下来，发表自己的意见，晚上参加宴会，宴会结束之后，还有很多客人去您的房间造访。这样一天下来，第二天一大早您又精神饱满地出现了。我比您年轻得多，反而是我觉得累。常常被西原先生的精力所感动。

西原　这个嘛，可能也有对中国还有中国人都习惯了的缘故吧。

佐伯　不，真的是精力相当充沛。

高桥　先生，您有感觉累的时候吗？感觉好累啊这种。 254

西原　这个不怎么感觉得到。

高桥　紧张压力不会积蓄吗？

西原　是啊，没有什么压力积蓄的实际感觉。压力这种状态，几十年来已经成了工作，或者说是生活的一部分。因此，也没有把它当做什么不喜欢的东西，已经习以为常了，用不着说了。

还有，毕竟曾经担任校长这样一个如此繁忙的职务，和当校长那时候比起来，就算是日程再紧，也没有因为太忙而退缩。再有就是，经历了大学纷争，一次又一次地逃过鬼门关，感觉不会有比那时更糟糕的情况了，经历过那些之后已经没有什么可怕的了，如果不是难熬到一定程度，已经感觉不到压力了，已经用不着说了。

还有一点，压力这种东西是人所必需的。正因为有压力，构成人的机体的细胞才能生机勃勃，才能充满活力。虽然过度的压力很可怕是一种定论，但大的压力往往就是会突然降临，这就是人生。如果单把压力当成不好的东西，那压力来了的时候就被压垮了。那该怎么办呢？关键看你怎么和压力和谐共处，这我是亲身实践了的。

255 **井田**　以前，和您一起去德国的时候，先生您跟我说过，到现在我还铭记在心。自己和自己敌对，对关系不好的人反而特意地接近他，拍拍他的肩膀，满面笑容地和他说话。这是一种让敌人成为自己一方的方法吗？

西原　我的方法是，制造共同的分母。举个例子来说，早稻田和庆应可以说是永远的竞争对手，当然事实上两所学校的关系是很好的，但如果早稻田的校长和庆应的校长有了矛盾，周围的人就会很为难。这种情况下该怎么办呢？如果仅仅局限在早稻田和庆应这个层面，事情就难以解决了。这种情况下就要制造一个假想敌，比如说国立大学。

高桥　东京大学吗？（笑）

西原　比起国立大学，国家的预算分配给私立大学的要少得多，私立大学必须更加团结才行。但这样一来，又和东京大学的校长产生矛盾了。产生矛盾了怎么办呢？再把底边扩大，把共同分母扩大到“日本的大学”，早稻田的校长、庆应义塾大学的校长、东京大学的校长、京都大学的校长团结在一起，假想敌是文部科学省和财务省，争取更多的预算，这样一来又能和谐相处了。就是这样一种方法。因此说，不站到更高的一个层面去看问题是不行的。比如关于某些问题，如果停留在各自的主张这个层面上，就会
256 怎么也推进不下去，不寻求一个共通的东西肯定是不行的。

而这个共通的东西，其实就在人类历史的大潮流中。

佐伯　说到历史的大潮流，我又回想起一件在中国的时候感受到的事。您在中国谈到孔子的时候，我有一种感觉。

高桥　是孔子吗？

佐伯　对，孔子，儒家的。西原先生的姿容风采就像孔子一样，或者应该叫品格。我想，别人见到西原先生，是不是也会联想到孔子呢？

高桥　是跟孔子相似吗？

佐伯　是，不觉得很像吗？当然肯定没有见过孔子本人啦，但就是给人这种感觉，特别强烈。

井田　确实，是这种风采吧，从外貌上看先生也很像啊。(笑)

佐伯　有一种大人的风采。

井田　是这样的。

西原　是吗？我觉得这是先天和后天两个方面混合的结果吧。天生是感受性很强的文学少年，在成长的过程中，学
习的是把冰冷的理论体系彻底化的法律学，又在激烈动荡 257
的战后社会的最前线不断地吃苦受累，绞尽脑汁，费尽心血，在这个过程中，人渐渐地就变得厚实了。因此，虽然现在还保留有感到人和人生的可爱的感受性，却已经练就

了不为这些所动的坚强身心。

井田　从先生的嘴里，从来没有听到过忙得受不了、哪里有病不舒服之类的话。

西原　确实，这几十年来，还没有说病得下不了床的时候。虽然也得过流感，但发高烧、必须卧床休息已经是很早以前的事了。因此，看起来好像根本就不用担心身体健康问题似的，但实际上我比人家都注意。比如说，从当了校长之后的第二年开始，每年的 7 月都要有一次四天三晚的住院检查，把身体的各个地方彻底查一遍。以此为基础，每个月还要做一次心脏和血液检查，接受医生的诊察，调整一下用药。也得益于日本的检查技术非常先进，现在对自己的身体情况怎么样，了解得一清二楚。

但我觉得，健康的根本说到底还是心态。我就是因为不断地找事情做，不断地设定目标，朝那个目标前进，才能保持健康元气。刚才说的国际法秩序确立的工作，计划是 3 年，估计预算也能保证 3 年，看来到 90 岁为止还死不了。没有那个闲工夫去变老。

258 **高桥**　我以前就听您说过，您躺在床上一闭上眼睛就能入睡，这一点也和一般人不一样啊。

井田　就是说，转换是很重要的。

高桥　普通人很难做得这样出色，不知不觉就会拖拖拉拉、懒惰散漫起来。

西原　但是呢，这个世界不仅有了不起的人，还有散漫的人，还有会实施犯罪的人，正是因为这样，人才多姿多彩。大家都渴望和平，但正是因为有想挑起战争的人，人生才可宝贵。如果没有这样的心境，对立是没有办法解决的。觉得无法原谅的，站到一个更高的层次上也就原谅了，也就是说，把他当做一个平等的人去接纳他。法律学的根本精神也就在于此，不是吗？

高桥　时间差不多了。先生，感谢您这么长的时间给我们讲了这么多宝贵的话，真的是学到了很多。“隐退”这个词不适合先生您，今后还请您一如既往地引领指导我们，鞭策激励我们。

全员　非常感谢。